W0243961

MITTERRAND
ET SES OMBRES

MITTERRAND ET SES OMBRES

SCÉNARIO
PATRICK ROTMAN

DESSIN
JEANNE PUCHOL

DELCOURT

PALAIS DE L'ÉLYSÉE. 1994.
Je vous remercie, monsieur le Président, d'avoir accepté de me recevoir. Je sais que votre temps est précieux.

De toute façon, je suis coincé par ces séances de pose. Autant m'occuper. Avec vous ou quelqu'un d'autre.
Comme je vous l'ai écrit, Monsieur le Président, j'ai l'intention de rédiger un livre sur vous.
C'est original. Il y en a déjà trois-cent-quarante-trois de parus !
Celui-ci est d'un genre différent !
C'est ce qu'on me dit à chaque fois !
Je souhaite vous interroger sur votre part d'ombre...
Vaste programme !
Vous m'aviez laissé entendre, la première fois où nous nous sommes vus, que je pourrais poser toutes les questions, même les plus sensibles.
2

J'ai passé ma vie à sculpter ma statue pour l'histoire.
Aujourd'hui, alors que les longs bras noirs de la mort m'enserrent, je suis prêt à explorer ma part d'ombre, comme vous dites.
Mieux vaut que ce soit moi qui le fasse !
En effaçant les ténèbres troubles, j'ai réussi à laisser dans la lumière ce que je voulais qu'il reste de moi.
Alors vous êtes prêt à tout dire ?
À une condition !
Tout ce que je vais vous raconter ne devra être publié que vingt-cinq ans après ma mort.
Vingt-cinq ! C'est long !
Pas autant que l'éternité !
Vingt-cinq ans... J'imagine que ce n'est pas négociable !
Vous verrez, ça passera vite !
3

15 OCTOBRE 1959.
ASSERIE LIPP
RUE TOURNON

TATTATA TATTA
Cette affaire de l'attentat de l'Observatoire est vraiment ténébreuse !
Je souhaiterais en démêler les fils.
Démêlez, démêlez ! Mais je vous avertis : si vous voulez comprendre quelque chose à cette ténébreuse affaire, comme vous dites ...
... il va vous falloir revenir quelques années en arrière, en mai 1954, pour être précis.

5

PARIS. MAI 1954.
Tout est toujours possible pour peu qu'on en décide.
Tout est toujours possible pour peu que **j'en** décide.
Je ne voudrais pas être indiscrète !
N'ayez crainte, Mademoiselle Eva !

6

Y a de la trahison là-dessous, c'est pas possible autrement.
France-soir
DIEN-BIEN-PHU EST TOMBÉ
submergé par le furieux assaut des Viets
Vous connaissez, je présume, la bataille de Dien-Bien-Phu, Mademoiselle ?
Bien sûr, Monsieur le Président !
Inutile, donc, de vous faire un cours d'histoire, il suffit de retenir que nos brillants képis galonnés ont envoyé une garnison française dans une cuvette dominée par des collines.
Le Vietminh a monté des canons qui ont bombardé la base pendant des semaines. La capitulation de nos braves soldats a entraîné la fin de la guerre d'Indochine.
C'était le début de la fin de l'Empire français.

7

Mai 1954.
Mon Général ! Merci de me recevoir !
Je vous ai fait passer par l'escalier de service parce que la police me surveille.
Monsieur Viansson, il va de soi que je ne vous ai pas vu. Ce qui m'a décidé à vous parler, c'est la gravité de la situation militaire en Indochine.
Naturellement, mon Général, vous ne serez en aucun cas cité dans mon article. Vous pouvez me faire confiance.
Le bilan de Dien-Bien-Phu est terrible : mille-cinq-cents tués, trois-mille blessés, dix-mille prisonniers dont deux-cent-cinquante officiers. J'en connaissais beaucoup.
On aurait pu éviter ce drame. S'être installés dans la cuvette sans tenir les hauteurs, c'est une erreur impardonnable.
Aujourd'hui, à Hanoï, tout le monde a peur. On redoute de voir le Vietminh entrer dans la ville.
C'est une hypothèse plausible ?
Qui va les en empêcher ? Il importe avant tout de protéger la route Hanoï-Haïphong. Le Vietminh peut la couper quand il veut.
Nous avons combien de temps devant nous ?
Quelques semaines. Soit on négocie très vite un cessez-le-feu, soit il faut envoyer des renforts, c'est-à-dire mobiliser le contingent.
Vous m'autorisez à publier ces informations dans *L'Express* ?

8

RÉDACTION DE L'EXPRESS.
Un article, ce n'est pas une dissertation, encore moins une thèse. Il y a des livres pour ça.
Le journalisme, c'est superficiel, c'est léger, ça se déguste vite, et s'oublie encore plus vite.
Le lendemain, votre prose sert à emballer les poireaux.
Vous aimez les poireaux ?
Ne vous découragez pas, Solange. Le journalisme, c'est comme l'amour, les progrès sont lents.
Tenez, Françoise, j'ai eu des tuyaux de première main. La situation sur le terrain à Dien-Bien-Phu est très tendue. Il va falloir négocier très vite, sinon c'est la catastrophe.
Le gouvernement Laniel ne tiendra pas longtemps. Une nouvelle donne s'ouvre, les cartes vont être redistribuées.
Jean-Jacques, nous avons fondé *L'Express* pour amener Pierre Mendès France au pouvoir. Le moment est venu. C'est son tour.
Mendès a juste eu le tort d'avoir raison avant tout le monde. Il doit recueillir les fruits politiques de sa prise de position courageuse.
C'est un homme d'État.
9

Je constate que vous ne pouvez pas vous empêcher de parler de moi !
François, vous pensez que l'heure de Mendès est venue ?
Il a les cartes en mains, mais veut-il abattre son jeu ?
L'EXPRESS
Pourtant, c'est le moment ou jamais !
Il faut le convaincre !
Fouquet's
Vous ne regrettez pas de ne plus être au gouvernement ? Vous y avez siégé presque sans interruption depuis 1947. Votre vie doit sembler un peu vide sans maroquin...
Mais vous savez, Pierre, je ne m'ennuie pas du tout en dehors du gouvernement. D'ailleurs, je ne m'ennuie jamais nulle part.
MARIGNAN
Martine CAROL
"La Pensionnair
J'ai l'incroyable prétention de me suffire à moi-même.
Martine CAROL
J'ai à faire de ce côté-là.

Lisez chaque jour
l'Humanité
Ce soir
UNITE D'ACTION
FRANCE
l'Humanité
l'Humanité
Libération
Composition - Impression
Hé ! D'Astier !
Ça va, Baranès ?
Des tuyaux ?
J'arrive de l'Assemblée. On spécule sur le nombre de jours qui restent à Laniel.
Le nom de Mendès est le plus souvent cité pour Matignon.
Il faut recueillir des informations sur ce que prépare le gouvernement en Indochine.
Je sais que Salan a été envoyé en tournée d'inspection.
Il vient de rentrer. J'aurai des nouvelles sans tarder.
11

PALAIS DE L'ÉLYSÉE, 26 MAI 1954.
Le comité de défense nationale réunit, sous l'autorité du président de la République, les ministres de la Défense, de l'Intérieur, de l'Économie, le chef d'État-major des armées et le président du Conseil.
C'est le secrétaire général Jean Mons, ancien résistant, un homme d'apparence austère, qui est chargé de prendre des notes.
Monsieur René Coty, président de la République !
Général Salan, vous rentrez d'une tournée d'inspection en Indochine. Vous avez la parole !
La situation au Tonkin est dramatique.
Si le Vietminh marche sur Hanoï, notre armée peut connaître une débâcle encore plus forte qu'à Dien-Bien-Phu.
12

Dès maintenant, un minimum de deux divisions est nécessaire pour assurer la sécurité.
Par la suite, il faudra mobiliser le contingent.
La parole est à monsieur Martinaud-Déplat, ministre de l'Intérieur.
La situation militaire en Indochine ne peut résulter que d'une trahison. Les communistes forment la cinquième colonne du Vietminh dans notre pays.
Martinaud-Déplat n'a pas laissé une trace inoubliable dans l'Histoire. C'était un radical atteint de rougéite aiguë. Il voyait des complots communistes partout. Il m'a précédé place Beauvau.
13

Ce soir-là, François Mitterrand est à l'appartement familial rue Guynemer, avec Danielle et leurs enfants.
DRING
DRING
Je dîne chez Lipp avec un ami. Passez, vous me confierez vos secrets urgents.
Tu dînes à la maison ?
Non, j'ai rendez-vous avec Jean-Paul Martin chez Lipp.
Je vais rentrer tard : Vionsson veut me voir après.
Le rédacteur en chef de l'*Express* ?
Lui-même ! Il veut me parler d'urgence.
LIPP
BRASSERIE
Comment allez-vous, René ?
14

Martin, c'était une perle, une fidélité à toute épreuve.
Vous l'avez connu à Vichy ?
Vos fiches sont bien faites. Je l'ai rencontré en 1942. Il était adjoint de René Bousquet, le chef de la police. Il a rendu des services à mon réseau. Un type sûr et loyal !
Jean-Paul, je ne vous ai pas convié à dîner pour évoquer le bon vieux temps !
Ce gouvernement va bientôt être renversé. Il est probable que je ferai partie du prochain : Mendès a ses chances. Je réfléchis à la formation de mon cabinet dès maintenant. Vous êtes prêt à retravailler avec moi, Jean-Paul ?
Bien entendu ! C'est pour moi un honneur. Et puis je vous dois trop !
Tenez-vous prêt. Je vise la place Beauvau et j'ai besoin de votre expérience.
Ah, Vianson... Je vous présente Jean-Paul Martin, un vieil ami.
Cuvée 42.
J'ai à vous parler. C'est urgent.
15

La situation en Indochine est très grave.
C'est pour m'annoncer ce scoop que vous interrompez mon dîner ?!
Non, non, j'ai des informations de premier ordre. C'est une question de jours : l'armée est au bord du désastre.
Soit il faut signer la paix très vite, soit il faut mobiliser le contingent.
Je suppose que votre source est fiable ?
On ne peut plus !
Impossible d'en savoir plus ?
Mon informateur risque gros.
Je file au bouclage de *L'Express*. Vous me rejoignez après votre dîner ?
Pas ce soir ! J'ai encore du travail.
Viansson était le meilleur journaliste de sa génération.
De son temps, *Le Monde* c'était autre chose qu'avec ce P...
Vous étiez ami avec lui ?
Le Monde
16

Autant qu'on puisse être ami avec un journaliste. Viansson était informé par Salan. Personne ne l'a jamais su. Il me l'a dit des années après.
J'imagine que vous avez immédiatement fait état de ces informations catastrophiques à qui de droit ?
Plutôt à qui de gauche !
?
Vous avez raison. Sans perdre une minute, je suis allé en informer le président Mendès France.

17

Si le Vietminh marche sur Hanoï, notre armée peut connaître une débâcle encore plus forte qu'à Dien-Bien-Phu
Dès maintenant, un minimum de deux divisions est nécessaire pour assurer la sécurité. Par la suite, il faudra mobiliser le contingent.
SECRÉTARIAT GÉNÉRAL DE LA DÉFENSE.
À TAPER D'URGENCE
MONS
Bonjour, Turpin, vous êtes bien matinal ! Il est six heures !
Bonjour, Monsieur Mons. J'ai du travail en retard. Et ce soir, je dois partir tôt.
Eh bien moi, je vais dormir quelques heures. À plus tard.

18

Secrétaire général M. Jean MONS
À TAPER D'URGENCE
À TAPER D'URGENCE
Tenez, Labrusse, lisez ça !
Faire appel au contingent ! Ils sont cinglés !
Il faut arrêter cette folie !
19

Pierre Mendès France est, à gauche, l'homme de la situation pour former un gouvernement. Mitterrand prend son sillage.
La situation militaire en Indochine est catastrophique.
Vous avez des informations précises ?
Oui. Le Delta du Nord se pourrit de jour en jour, la route Hanoï-Haïphong est coupée.
Hanoï peut se retrouver dans une situation semblable à Dien-Bien-Phu encerclé.
Ce serait la Saint-Barthélémy !
Mon informateur pense qu'il faut très vite faire appel au contingent.
J'imagine qu'il est bien renseigné.
Je ne peux pas vous citer ma source.
Je ne vous le demande pas. Je veux juste savoir si elle est fiable.
À cent pour cent.
La seule issue de cette guerre est la négociation directe.
Il y a une carte à jouer et vous êtes le seul à pouvoir la jouer.

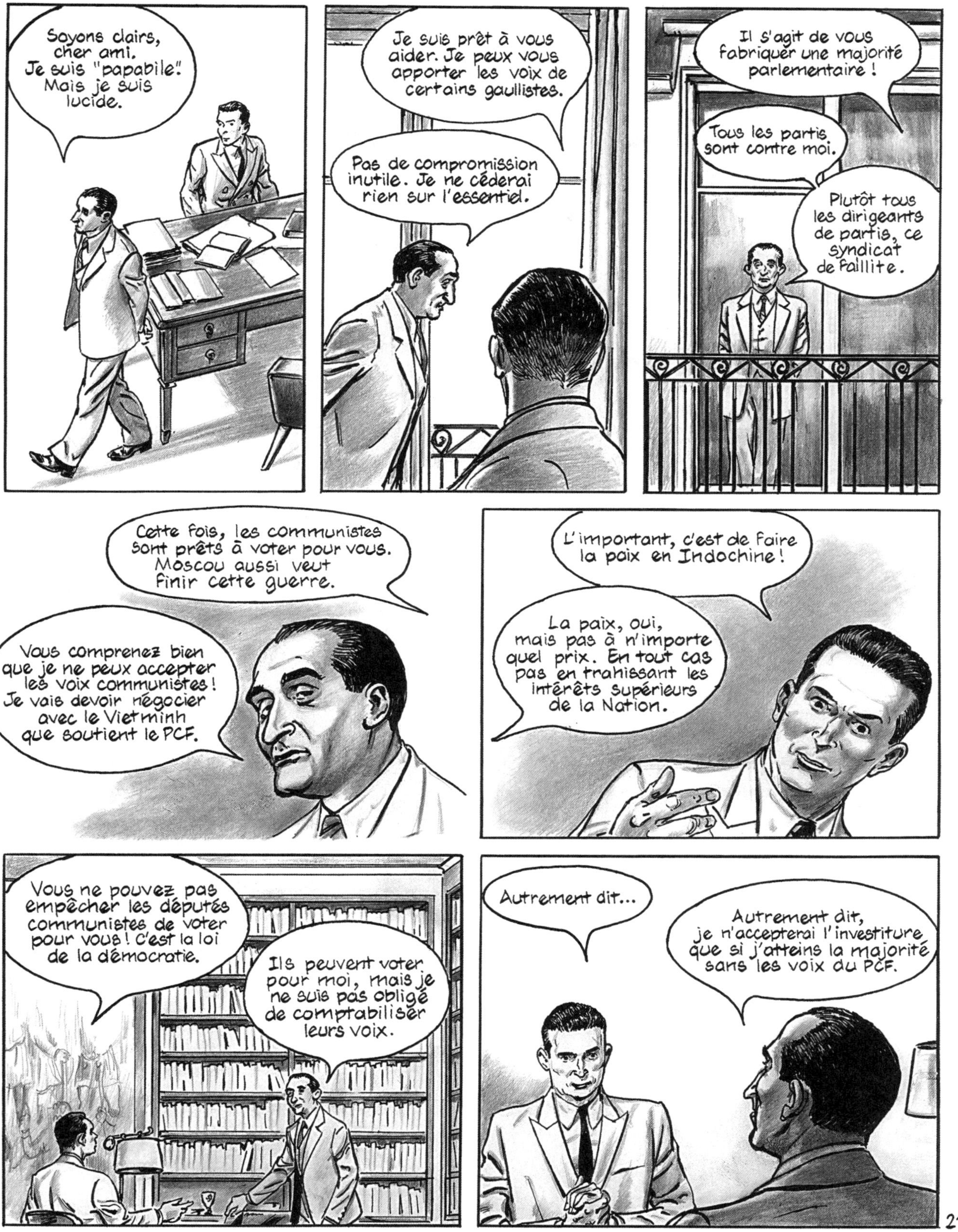
Soyons clairs, cher ami. Je suis "papabile". Mais je suis lucide.
Je suis prêt à vous aider. Je peux vous apporter les voix de certains gaullistes.
Pas de compromission inutile. Je ne céderai rien sur l'essentiel.
Il s'agit de vous fabriquer une majorité parlementaire !
Tous les partis sont contre moi.
Plutôt tous les dirigeants de partis, ce syndicat de faillite.
Cette fois, les communistes sont prêts à voter pour vous. Moscou aussi veut finir cette guerre.
Vous comprenez bien que je ne peux accepter les voix communistes ! Je vais devoir négocier avec le Vietminh que soutient le PCF.
L'important, c'est de faire la paix en Indochine !
La paix, oui, mais pas à n'importe quel prix. En tout cas pas en trahissant les intérêts supérieurs de la Nation.
Vous ne pouvez pas empêcher les députés communistes de voter pour vous ! C'est la loi de la démocratie.
Ils peuvent voter pour moi, mais je ne suis pas obligé de comptabiliser leurs voix.
Autrement dit...
Autrement dit, je n'accepterai l'investiture que si j'atteins la majorité sans les voix du PCF.
21

Mendès, cette grande conscience...
... Il voulait bien le pouvoir, mais il fallait le lui apporter sur un plateau. Il ne voulait pas se salir les mains.
Vous êtes bien sévère !
J'en ai un peu assez de l'opposition du vice et de la vertu. La morale d'un côté, le pouvoir de l'autre.
La morale de l'histoire, c'est que Mendès a été au pouvoir sept mois, et moi quatorze ans, record absolu. J'ai battu de Gaulle !
JOURNAL LIBÉRATION, 27 MAI 1954.
RÉDACTION
ANDRÉ BARANÈS
C'est le compte rendu du comité de défense qui s'est tenu hier soir à l'Élysée.
C'est incroyable !
Quand j'ai vu qu'il était question d'envoyer le contingent en Indochine, mon sang n'a fait qu'un tour : il faut alerter l'opinion !
Je ne comprends pas pourquoi des documents classés secret défense traînent dans les bureaux.
Ils ne traînent pas. Ils sont, en principe, rangés dans un coffre.
Mon chef, Jean Mons, qui assiste aux réunions, a travaillé toute la nuit et ce matin, il avait laissé, sur son bureau, ses notes à taper pour sa secrétaire.
22

Son adjoint, Turpin, est arrivé très tôt. Il est entré dans le bureau de Mons et il a commencé à lire ces notes. Il s'est ému de leur contenu. Il m'en a parlé.
Nous avons décidé de faire quelque chose.
Je peux jeter un coup d'oeil ?
Vous avez bien fait d'apporter ces documents à *Libération* !
Il va vous falloir mener campagne contre cette folie. Huit années de guerre et ils veulent continuer.
Nous devons les arrêter. C'est ma seule motivation. C'est pour la paix en Indochine que je prends des risques.
Ne vous inquiétez pas. On va en faire bon usage.
À l'avenir, évitez de venir au journal. Convenons d'un rendez-vous discret.
Le Jardin du Luxembourg, devant le bassin, à 17h.
Il suffit que vous m'appeliez sous le nom de Mulot, et le jour même on s'y retrouve.
Entendu.

Si je vous suis bien, les responsables des fuites, ce sont Labrusse et Turpin, les deux fonctionnaires du secrétariat général de la défense ?
C'étaient deux braves types genre "coco la praline", des pacifistes qui pensaient servir la cause de la paix en dévoilant les secrets du comité de défense nationale.
Ils n'imaginaient même pas la gravité de leurs actes.
Et ils livraient ces secrets militaires à ce Baranès... Un drôle de personnage !
Baranès était un curé communiste défroqué, devenu indicateur de police au début des années cinquante par appât du gain, un ramasse-ragots dans les couloirs de l'Assemblée, pour le compte de *Libération*.
Il livrait son misérable tas de secrets au commissaire Dides.
Qui c'est, celui-là ?
Vous ne connaissez vraiment rien !
Dides était un policier qui devait son ascension rapide au zèle déployé pendant l'Occupation. On lui attribue cinq-cent-trente arrestations de résistants et de juifs.
Il n'a pas été inquiété à la Libération ?!?
Dides a été suspendu sans traitement, mais réintégré dès juin 1945.
Sans doute la police de la IVe République avait-elle besoin de ses talents ?
Il pourchassait les communistes pendant la guerre, il a continué après.
24

PLACE DAUPHINE, 1954.
J'imagine que si vous avez voulu me voir si vite, c'est que vous avez des choses importantes à me dire.
Regardez à l'intérieur, Commissaire, je crois que cela vous intéressera.
France-soir
LIGNE D'ARMISTICE
Alors, Dides, vous ne pouvez pas être à l'heure ?

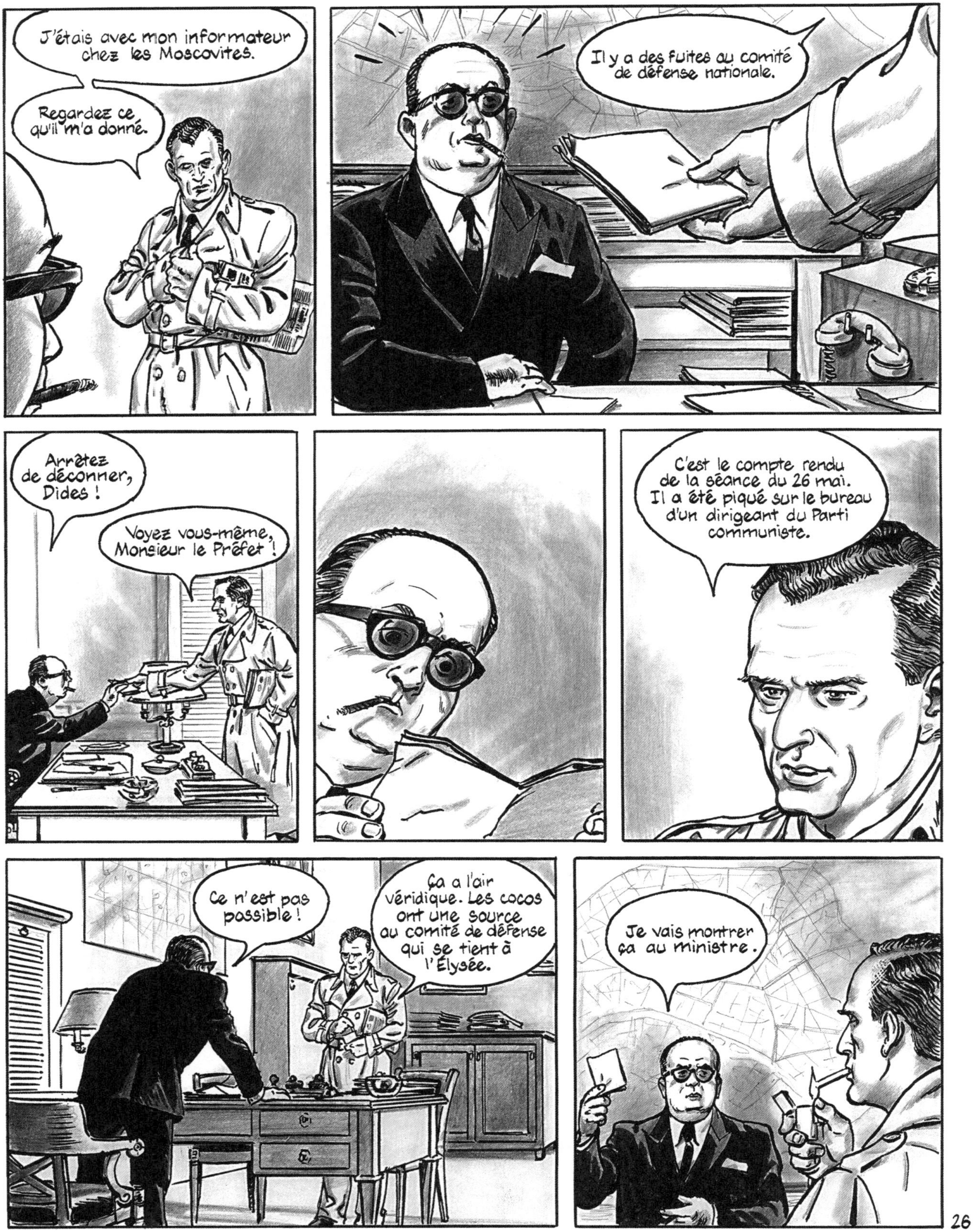
J'étais avec mon informateur chez les Moscovites.
Regardez ce qu'il m'a donné.
Il y a des fuites au comité de défense nationale.
Arrêtez de déconner, Dides !
Voyez vous-même, Monsieur le Préfet !
C'est le compte rendu de la séance du 26 mai. Il a été piqué sur le bureau d'un dirigeant du Parti communiste.
Ce n'est pas possible !
Ça a l'air véridique. Les cocos ont une source au comité de défense qui se tient à l'Élysée.
Je vais montrer ça au ministre.
26

QUAI DES GRANDS AUGUSTINS
RESTAURANT
Lapérouse
Par ici, Monsieur Debré.
En ce qui me concerne, c'est hors de question d'entrer dans le gouvernement.
J'ai refusé plusieurs fois, je ne vois pas ce qui me ferait changer d'avis.
La personnalité du président du Conseil !
Reconnais que Mendès, ça a une autre gueule que Laniel. Même ton "ermite de Colombey" le pense.
Je m'en tiens à ma ligne de conduite. Quand "l'ermite de Colombey", comme tu dis, sera de retour aux affaires, je serai disponible pour servir la France. Pas avant.
Jusqu'à quel point toi et tes amis êtes-vous disposés à aider Mendès ? Maintenant c'est une question de jours.
Je vais être clair avec toi ! Mendès France, c'est ce qu'il y a de mieux pour la France... si l'on excepte le général.
D'ailleurs, tu as raison, de Gaulle l'aime bien, il en parle avec sympathie.
Tu vois bien !
Cela ne change rien à ma décision personnelle.
J'ai fait mes comptes. Sans les suffrages de tes amis, Mendès sera recalé de quelques voix. Et la France perdra encore des mois en atermoiements.
27

Certains de mes amis sont prêts à aller à la soupe. Servez-leur une bonne louche.
Je suggère que Chaban, Fouchet et Soustelle entrent dans le gouvernement Mendès.
De ton côté, fais ce qu'il faut.
Je n'aime pas trop cette façon de procéder. Mais l'heure est en effet grave.
Faisons-nous confiance.
Cela changera !
Il n'y a pas de doute, ce sont, mot pour mot, les propos tenus au comité de défense nationale.
PLACE BEAUVAU. BUREAU DU MINISTRE DE L'INTÉRIEUR.
Je me souviens très bien de cette phrase : "Il faut essayer de passer du pire au moins mauvais."
Je l'ai encore dans l'oreille.
28

L'informateur a forcément eu accès au procès-verbal de la réunion.
Et vous me dites que ce document provient du Parti communiste ?
Exactement, Monsieur le Ministre. Le commissaire Dides, que vous connaissez bien, est formel.
C'est sa source habituelle qui lui a fourni ces papiers. Et la source les a subtilisés au 44 sur un bureau.
C'est grave, très grave. L'ennemi est dans la place.
Vous vous rendez compte, Baylot, les plans de bataille de notre armée en Indochine, livrés aux Viets ! Il ne faut pas chercher ailleurs les raisons de notre défaite.
Je suis d'accord avec vous, Monsieur le Ministre. Cette affaire de fuites au comité de défense nationale est très inquiétante.
Je vais faire mettre le personnel sous surveillance.
Ce Mons, il est fiable ?
J'en réponds comme de moi-même.
C'est un socialiste très anticommuniste. Il vient du syndicalisme, comme moi. Un temps, nous avons fréquenté la même loge.
Non, il est au-dessus de tout soupçon.
29

Il faudra regarder l'entourage. Qui a accès aux documents classés confidentiels ?
Et votre source, c'est celle que je connais ?
C'est cela, Monsieur le Ministre. Mais il faut être prudent. Je ne peux pas la griller. Nous n'avons pas d'autre informateur au 44.
Nous avons la preuve que les cocos ont des informations secret défense.
Maintenant, il faut trouver l'origine.
Qui les renseigne ? Il faut en finir avec les salauds de traîtres !
Je vous charge de l'enquête. Mettez Dides et son réseau sur le coup.
Vous avez compris d'où cela vient : de cette nébuleuse de salopards autour de Mendès, Mitterrand...
Quand je pense que Mendès risque d'arriver à Matignon avec Mitterrand dans ses bagages...
Il faut arrêter ça ! Imaginez si Mitterrand s'installe dans ce bureau place Beauvau !
Ne vous inquiétez pas, Monsieur le Ministre, je contrôle la préfecture de police.
APPARTEMENT DES MITTERRAND.
Pierre Mendès France, chargé par le président Coty de former le gouvernement, a été investi aujourd'hui par l'Assemblée nationale.
Il est à noter que le nouveau président du Conseil a refusé que les suffrages communistes soient décomptés dans sa majorité.
Ah, les grandes consciences !
Je vais chez Mendès, l'aider à former son gouvernement. Il ne connaît personne.
30

Dites-moi, vous n'avez pas vu Mitterrand ?
Françoise, savez-vous où il est ? Je n'arrive pas à le joindre.
Il doit être avec son actrice.
Enfin, la nouvelle. Il a changé de vedette ces derniers mois.
Il n'a que ça à faire, en ce moment ! Il n'est jamais là quand on a besoin de lui. Personne ne connaît mieux que lui les coulisses de la Chambre.
C'est le cas de le dire.
HA HA HA HA
En tout cas, je l'admire. Je ne sais pas comment il trouve le temps, avec tous ses succès féminins, de mener une carrière politique.
HA HA HA HA HA
Tu t'en vas si vite ?
Je vais former le gouvernement.
T'es un marrant, toi.
Ce n'est pas une plaisanterie. Je vais être ministre.
Toi, ministre ? Tu vas pouvoir m'emmener dans les réceptions !
31

J'ai été retenu par une réunion de mon parti.
C'est la brune ?
Mais pas du tout ! Qu'est-ce que vous allez inventer avec ces histoires de brune ?!
Je vous posais la question parce que la blonde a appelé ici tout à l'heure.
Elle vous cherchait.
Je ne sais pas de quelle brune vous parlez. Ni de quelle blonde !
Venez ! J'ai un gouvernement à boucler avant demain matin.
Allons-y !

32

Je vous ai réservé l'Outre-Mer.
Je ne vous cache pas, cher ami, que dans cette période, c'est un ministère décisif qui va requérir tout votre talent.
Je vous remercie de votre proposition qui est flatteuse, mais je dois la décliner.
Cela ne vous intéresse pas ? J'ai besoin de vous à ce poste.
Cela aurait pu m'intéresser, mais je veux l'Intérieur.
C'est impossible !
Dans ce cas, je n'entre pas au gouvernement.
C'est Beauvau ou rien !
Vous mettez la barre haut !
J'ai trop d'ennemis qui cherchent à m'abattre.
Le seul poste qui me permet de me défendre et de vous défendre, c'est l'Intérieur.
C'est bien, vous aurez Beauvau.
J'espère que vous vous y montrerez digne de la confiance que je vous fais maintenant.

33

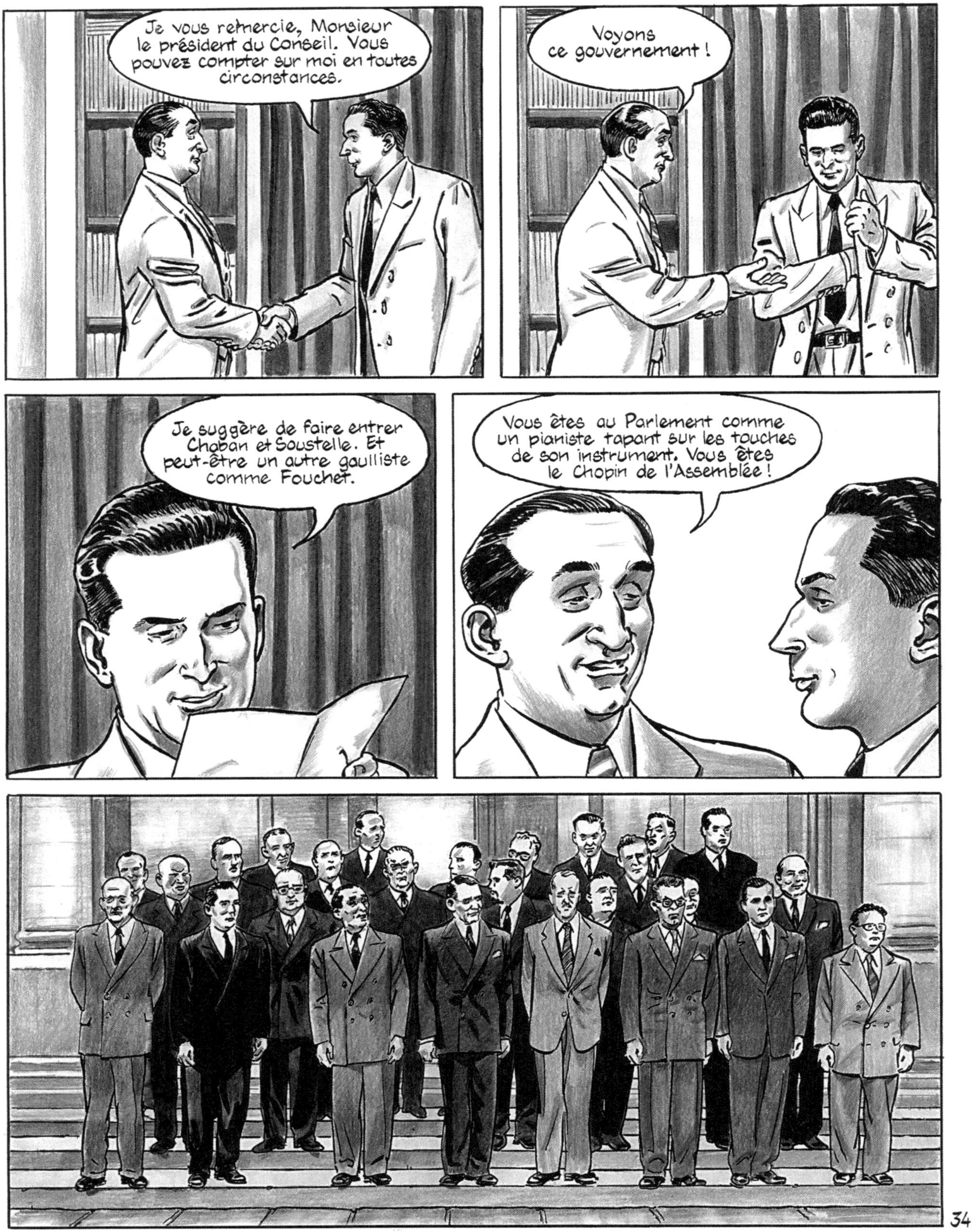
Je vous remercie, Monsieur le président du Conseil. Vous pouvez compter sur moi en toutes circonstances.
Voyons ce gouvernement !
Je suggère de faire entrer Chaban et Soustelle. Et peut-être un autre gaulliste comme Fouchet.
Vous êtes au Parlement comme un pianiste tapant sur les touches de son instrument. Vous êtes le Chopin de l'Assemblée !
34

PALAIS DE L'ÉLYSÉE, 28 JUIN 1954.
RÉUNION DU COMITÉ DE DÉFENSE NATIONALE.
Messieurs, j'ai pris l'engagement, devant l'Assemblée nationale, de parvenir à la paix en un mois.
Un mois, ça me semble bien long. On ne tiendra pas ! D'un jour à l'autre, le Vietminh peut lancer une attaque d'envergure sur le Delta, et plus particulièrement sur Hanoï.
Si nous perdons Hanoï, nous risquons de devoir nous replier sur Haïphong où un nouveau Dunkerque pourrait avoir lieu !
Nous allons être réduits à une défensive qui nécessite des moyens supplémentaires : deux divisions de marche. Il faut l'accord du Parlement pour l'envoi du contingent.
Effectivement, la situation est dramatique. Mon option, c'est la négociation et la signature de la paix. Mais il faut préparer l'autre choix et envisager l'envoi du contingent.
Je suis absolument partisan de la solution politique. Il faut obtenir un accord avec les Vietnamiens avant le 20 juillet. Au-delà, je me rallierai à l'option guerrière.
Mons, comment faites-vous pour rendre compte avec précision de discussions aussi ardues ?
Je note tout dans le détail, Monsieur le Ministre, et ensuite je fais une synthèse.
J'espère que vous avez bien entendu que j'étais pour la solution pacifique.
35

Tenez, Baranès, voici le compte rendu de Mons.
Merci, Labrusse.
"Confidentiel. Duclos a donné le compte rendu in extenso du comité de défense nationale, dont voici de larges extraits..."
"En raison du temps qui passe, il nous faut l'accord du Parlement très vite pour l'envoi du contingent."
LE ROYAL
TELEPHONE
Dans une heure, au Caveau.
TAXIFI
36

L'idée de génie de Baranès était de maquiller les comptes rendus que lui remettait ce naïf de Labrusse et de présenter les documents comme s'ils émanaient du Parti communiste.
Double avantage : il masquait sa source réelle, les deux idiots Turpin et Labrusse. Surtout, il apparaissait, aux yeux de Dides, comme un informateur hors pair, infiltré jusqu'au bureau politique du PCF. C'était bidon !
LE CAVEAU du PALAIS
LE CAVEAU DU PALAIS

37

MILLE
FRANCS
J'ai rendez-vous avec Christian Fouchet.
Vous voulez dire avec Monsieur le Ministre !
Veuillez annoncer le commissaire Dides.
J'ai voulu te voir d'urgence car j'ai des éléments très graves en ma possession.
Je vais droit au fait. Par l'intermédiaire d'un informateur infiltré dans l'appareil communiste, j'ai mis la main sur le compte rendu de la dernière réunion du Bureau politique.
Tu verras qu'au cours de cette réunion, Duclos parle de la dernière séance du comité de défense nationale, celle du 28 juin.
Tu y étais !
En effet, j'étais présent.

38

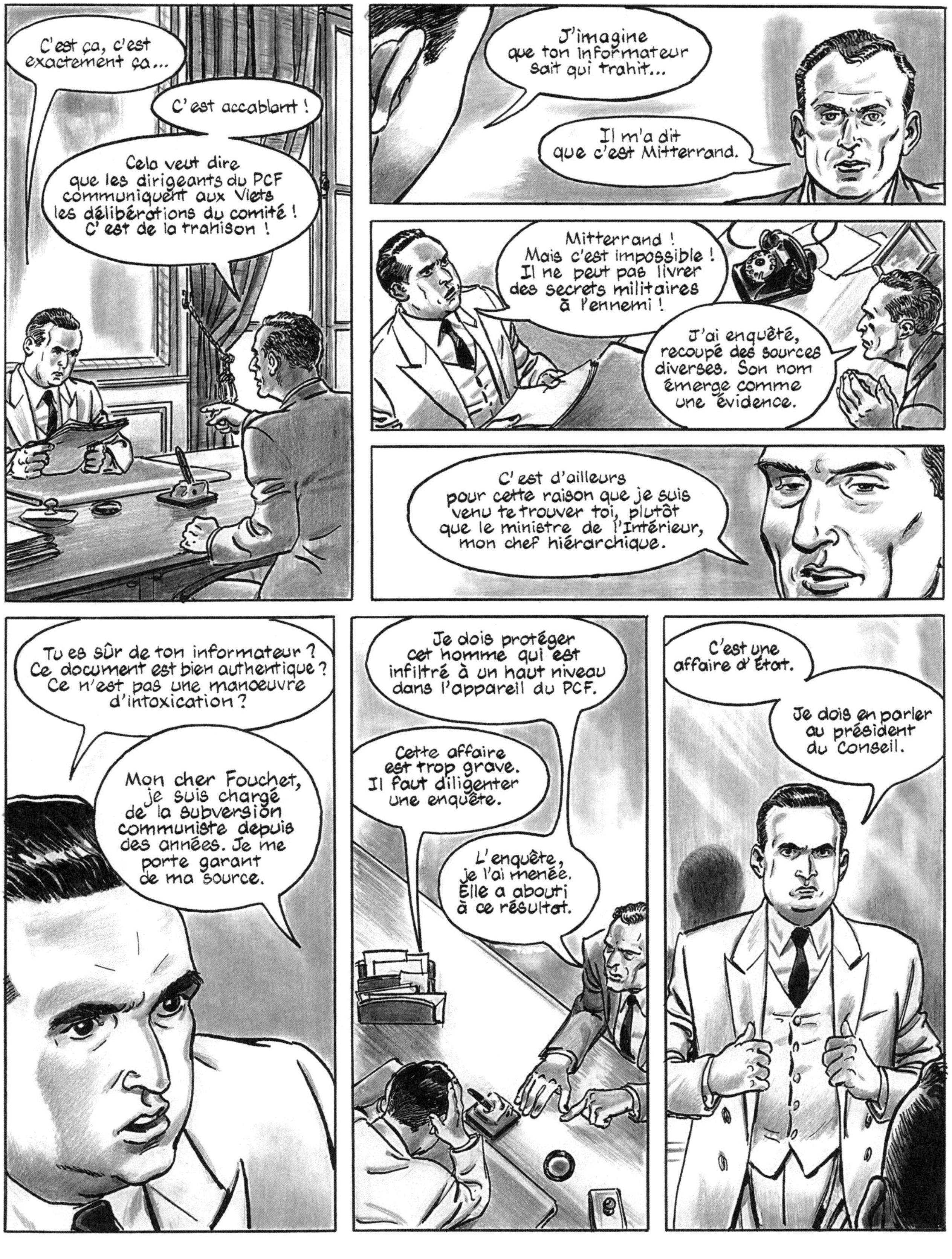
C'est ça, c'est exactement ça...
C'est accablant !
Cela veut dire que les dirigeants du PCF communiquent aux Viets les délibérations du comité ! C'est de la trahison !
J'imagine que ton informateur sait qui trahit...
Il m'a dit que c'est Mitterrand.
Mitterrand ! Mais c'est impossible ! Il ne peut pas livrer des secrets militaires à l'ennemi !
J'ai enquêté, recoupé des sources diverses. Son nom émerge comme une évidence.
C'est d'ailleurs pour cette raison que je suis venu te trouver toi, plutôt que le ministre de l'Intérieur, mon chef hiérarchique.
Tu es sûr de ton informateur ? Ce document est bien authentique ? Ce n'est pas une manoeuvre d'intoxication ?
Mon cher Fouchet, je suis chargé de la subversion communiste depuis des années. Je me porte garant de ma source.
Je dois protéger cet homme qui est infiltré à un haut niveau dans l'appareil du PCF.
Cette affaire est trop grave. Il faut diligenter une enquête.
L'enquête, je l'ai menée. Elle a abouti à ce résultat.
C'est une affaire d'État.
Je dois en parler au président du Conseil.
39

HÔTEL MATIGNON.
Monsieur Fouchet, vous connaissez mon directeur de cabinet, André Pelabon ?
Bien sûr. On s'est croisés à Alger !
En 1943.
Pelabon, regardez ce que Monsieur le ministre des Affaires marocaines et tunisiennes vient de m'apporter...
C'est absolument dramatique. Un membre du comité de défense nationale trahit.
Mais qui ? Un général, peut-être ?
Qui est chargé de faire les comptes rendus du comité ?
Le seul à prendre des notes est Mons, dont c'est la fonction.
Monsieur le président du Conseil, le commissaire Dides m'a bien répété que Mons était au-dessus de tout soupçon.
C'est également mon avis.
Organisez une réunion discrète ici, avec Mons. Il faut qu'il nous explique comment sont faits les comptes rendus.
Je préviens tout de même le ministre de l'Intérieur ?
Pas lui ! Selon Dides, c'est le principal suspect.
Mitterrand doit rester en dehors de tout ça.
Vous êtes chargé de découvrir le pot aux roses.
Silence absolu. Personne, je dis bien personne, ne doit être mis dans la confidence.
40

Monsieur le Préfet, le Parti communiste a en sa possession les comptes rendus du comité de défense nationale.
Des fuites au comité de défense ?! Mais ce n'est pas possible !
CABINET DU PRÉSIDENT DU CONSEIL.
Si, c'est possible.
Le commissaire Dides a apporté un document de quatre pages, un compte rendu de la réunion du Bureau politique du Parti communiste.
Duclos y a fait état des délibérations du comité avec des précisions plus que troublantes.
Parfois, c'est quasiment la citation directe des interventions des ministres. J'imagine que vous connaissez la source de Dides ?
Cher ami, vous comprenez que je ne puisse révéler son nom.
Il est très haut placé dans l'appareil communiste. Il risque sa vie.
J'admets vos raisons, mais je veux que vous vérifiiez ses informations, pour être certain qu'il ne s'agit pas d'une manoeuvre d'intoxication.
Je compte sur votre discrétion absolue.
Pas un mot à quiconque.
Même pas à mes supérieurs hiérarchiques ? Dois-je en référer à Monsieur le ministre de l'Intérieur ?
Monsieur Baylot, comment faut-il vous le dire ? Pas un mot à Mitterrand. C'est clair. Ordre du président du Conseil.
M. André PELABON
Directeur de cabinet
41

TAP TAP TAP TAP TAP TAP TAP TAP TAP TAP TAP TAP
DIIINNG
RÉDACTION DE L'EXPRESS.
Françoise... Il faut que je vous parle.
Il y a des fuites au sommet de l'État.
Des fuites ? Où exactement ?
Au comité de défense nationale !
C'est un sacré scoop que vous avez là, Pierre ! On va faire la couverture !
Mais Françoise, il n'est pas question de publier ces informations !
Il s'agit de secrets militaires.
J'imagine que la moitié des journaux les ont déjà.
Le suspect est Mitterrand !
Voyons, c'est du délire. Mitterrand a peut-être des défauts, mais ce n'est pas un traître.
C'est aussi mon avis. Je vais en parler à Mendès.

STUDIOS ÉCLAIR, ÉPINAY.
PLATEAU 1
J'en ai pour cinq minutes.
43

LOGES
LOGES
Je crois que nous n'avons plus rien à faire ici.
44

HÔTEL MATIGNON.
Monsieur Mons, quel genre de compte rendu rédigez-vous ?
Où sont entreposées vos notes ?
Les rangez-vous dans un coffre ?
Les confiez-vous à une dactylo ?
Monsieur le président du Conseil, j'ai déjà répondu à tout cela.
Vous avez répondu à qui ?
À Messieurs Baylot et Martinaud-Déplat, il y a juste un mois. Ils m'ont posé les mêmes questions.
Le préfet de police et le ministre de l'Intérieur du précédent gouvernement vous ont posé les mêmes questions ?!
Mais pourquoi ?
Parce qu'il y a un mois, il y a déjà eu des fuites.
Comment ?! Des fuites ont déjà eu lieu et personne ne nous a rien dit ??
Et Baylot, ce matin, qui faisait comme s'il n'était au courant de rien ! Il a joué la comédie devant moi !
Incroyable ! Incroyable !
Vous n'étiez donc pas au courant ?
Des fuites ont donc eu lieu sous Laniel... Quelles preuves en avez-vous ?
Monsieur Baylot m'a montré un document qui reprenait l'essentiel de ce qui s'était dit lors du comité de défense du 26 mai.
45

Et Monsieur Martinaud-Déplat assistait bien à cette rencontre ?
Je vous le confirme, Monsieur le ministre de l'Intérieur était bien là.
Il m'a dit, je m'en souviens parfaitement : "Les communistes sont informés de nos secrets."
J'en ai eu la preuve avec le document qu'il m'a montré.
Vous avez pu l'examiner ?
Oui, et j'ai pu constater qu'il était très proche des notes que j'avais prises. Sauf que le texte émanait du Parti communiste.
C'était en fait un compte rendu du Bureau politique du PCF.
C'est bien la même fuite !
Si on admet qu'il y a un traître au comité de défense, comment peut-il mémoriser aussi précisément ce qui s'y dit ?
À moins que quelqu'un n'ait accès à vos notes, Monsieur Mons...
C'est impossible !
Elles sont sous clé dans une armoire en fer et je brûle mes brouillons quand j'ai fini de rédiger le compte rendu.
Alors nous devons étudier sérieusement l'hypothèse de micros à l'Élysée.
On aura tout entendu !
46

Comme des fuites avaient eu lieu sous le précédent gouvernement, dont je ne faisais évidemment pas partie, cela aurait dû me disculper.
Pas du tout ! J'étais suspect. Mendès m'avait mis en tête de liste. Je ne lui pardonnerai jamais. C'est impardonnable.
Im-par-don-na-ble. Il m'a trahi !
Deux mois, deux mois ! Il m'a soupçonné deux mois. Vous imaginez dans quelle situation j'étais... Baylot complotait contre moi et il savait que j'étais suspect.
PLACE BEAUVAU, 1954.
La chaleur a chassé le ministre de l'Intérieur de son bureau. Installé dans le jardin, il travaille sur une petite table à l'ombre.
Venez, Jean-Paul, je dois vous montrer quelque chose.
Regardez ce que Baylot m'a apporté hier. Un soi-disant renseignement confidentiel : d'anciens combattants de l'armée française stockeraient des armes au siège de leur association.
Cela sent le faux et la provocation. Ces anciens combattants ont le sang chaud, mais je ne les vois pas commettre des attentats.
C'est également mon sentiment. Je ne comprends pas à quel jeu joue Baylot.
Je suis convaincu que Baylot vous tend un piège. Cela pue la manipulation à plein nez.

Je pense que vous avez raison. Toute cette bande autour de Baylot n'a pas supporté ma nomination ici.
Il y a autre chose qui me conforte dans cette idée de manipulation.
Des informateurs amis à la Préfecture de police m'ont averti que Baylot a fait fabriquer de faux tracts communistes appelant à manifester violemment le 14 juillet.
Vous êtes certain de ce que vous dites ?
Absolument. Mes "espions" à la Préfecture sont catégoriques. Je vais d'ailleurs en avoir un exemplaire.
Dans ce cas, je le tiens.
Cet abruti m'apporte sur un plateau le prétexte pour le renvoyer.
Baylot a le bras très long. Attendez-vous à des hurlements et à des pressions.
Je vais faire le grand nettoyage. Convoquez Baylot !
Inutile : il a demandé un rendez-vous, justement pour vous parler de ces tracts communistes.
Parfait ! Le plus vite sera le mieux.
48

Vous pouvez vérifier s'il y en a pour longtemps ?
Je vais voir, Monsieur le Préfet. Monsieur le ministre est prévenu mais il est en rendez-vous.
En onze lettres, incapacité d'attendre ou de supporter quelque chose ?
"Impatience" ! À propos, le préfet de police s'impatiente fortement. Cela fait trois quarts d'heure qu'il attend.
Avec ce que je vais lui dire, il vaut mieux qu'il attende ! Enfin, s'il est pressé, faites-le venir.

Monsieur le Préfet de police, vous quittez vos fonctions sur le champ.
Vos prétendus tracts sont des faux que vous avez fait fabriquer à la préfecture de police. Vous avez vingt-quatre heures pour libérer votre bureau.
PALAIS DE L'ÉLYSÉE.
Je refuse le remplacement de Baylot.
50

Monsieur le Président, cette décision relève de ma seule autorité. Vous n'avez pas le droit de vous y opposer.
Je le prends.
Dans ce cas, je démissionne. Je monterai à la tribune de l'Assemblée pour demander votre destitution pour non-respect de la Constitution.
Qu'est-ce que vous en dites, Monsieur le président du Conseil ?
D'avance, j'approuve ce que fera Monsieur le ministre de l'Intérieur.
Là, je dois dire que Mendès a été impeccable !
Quand avez-vous su que vous étiez l'homme qu'on soupçonnait de trahir des secrets d'État ?
En septembre ! Mendès s'est décidé à confier l'enquête sur les fuites au patron de la DST, Roger Wybot.
C'est lui qui a exigé que son supérieur hiérarchique, c'est-à-dire moi, soit informé !
J'avais pris quelques jours de repos à Hossegor. En fait, je travaillais sur les dossiers de ma charge, quand...
51

Je vous assure, vous devriez lire Chardonne !
Monsieur le Ministre !
Quoi encore ?!
Il faut que vous appeliez d'urgence le cabinet du Président Mendès.
On ne peut pas être tranquille deux minutes !
HÔTEL MATIGNON, SEPTEMBRE 1954.
Mais pourquoi ne m'a-t-on pas prévenu tout de suite ? Ce genre d'affaire relève pourtant de la sécurité du territoire !
52

Monsieur Wybot, c'est moi qui ai demandé à Pelabon de garder le secret absolu.
À l'heure actuelle, qui est au courant ?
Fouchet. C'est lui qui m'a apporté le document qui prouve les fuites.
Son informateur est le commissaire Dides.
Ah, Dides est dans le coup... C'est la bande à Baylot.
Justement, j'ai informé Baylot dès le 3 juillet, avant son limogeage, et lui ai demandé de vérifier les sources de Dides.
Ce type n'est pas fiable. S'il est au courant, tout Paris l'est aussi.
Il m'a menti, les yeux dans les yeux, en me cachant que des fuites s'étaient déjà produites sous le précédent gouvernement.
Pour vous, un membre du comité trahit ?
Mon idée est que quelqu'un a placé des micros dans la salle où a lieu le comité.
Des micros à l'Élysée ? Cela me semble bien compliqué.
C'est la seule piste sérieuse.
Dans quelques jours, le 10 septembre, va se tenir un nouveau comité de défense nationale.
Nous vous demandons de faire sonder les murs avant la rencontre et de surveiller les environs, le plus discrètement possible.
Avant le 10 ?! Mais c'est dans deux jours !
À vous de jouer, Monsieur Wybot !
53

PALAIS DE L'ÉLYSÉE.
Des policiers déguisés en électriciens sondent les murs.
Des véhicules de la DST, maquillés en camionnettes de blanchisserie, tournent dans le quartier.
Blanchisserie
NCINE
FRANCINE
FRANCINE
lanchisserie

54

L'ordre du jour de ce comité de défense nationale du 10 septembre porte sur le lancement de la construction d'une bombe atomique française.
Alors, Wybot, cela n'a rien donné, vos joujoux techniques ?
Non, Monsieur le Ministre. Les fuites ne passent pas par des micros émetteurs.
Et vous, de votre côté, rien remarqué d'anormal pendant la réunion du comité ?
Rien !
J'ai observé tout le monde. Personne n'a noté quoi que ce soit, sauf Mons, bien sûr.
Je propose de mettre Dides et Baranès sous surveillance.
Allez-y ! Il faut régler cette affaire. Mettez le paquet sur les filatures. Et leur téléphone sur écoute. On fait le point tous les soirs dans mon bureau.

55

56

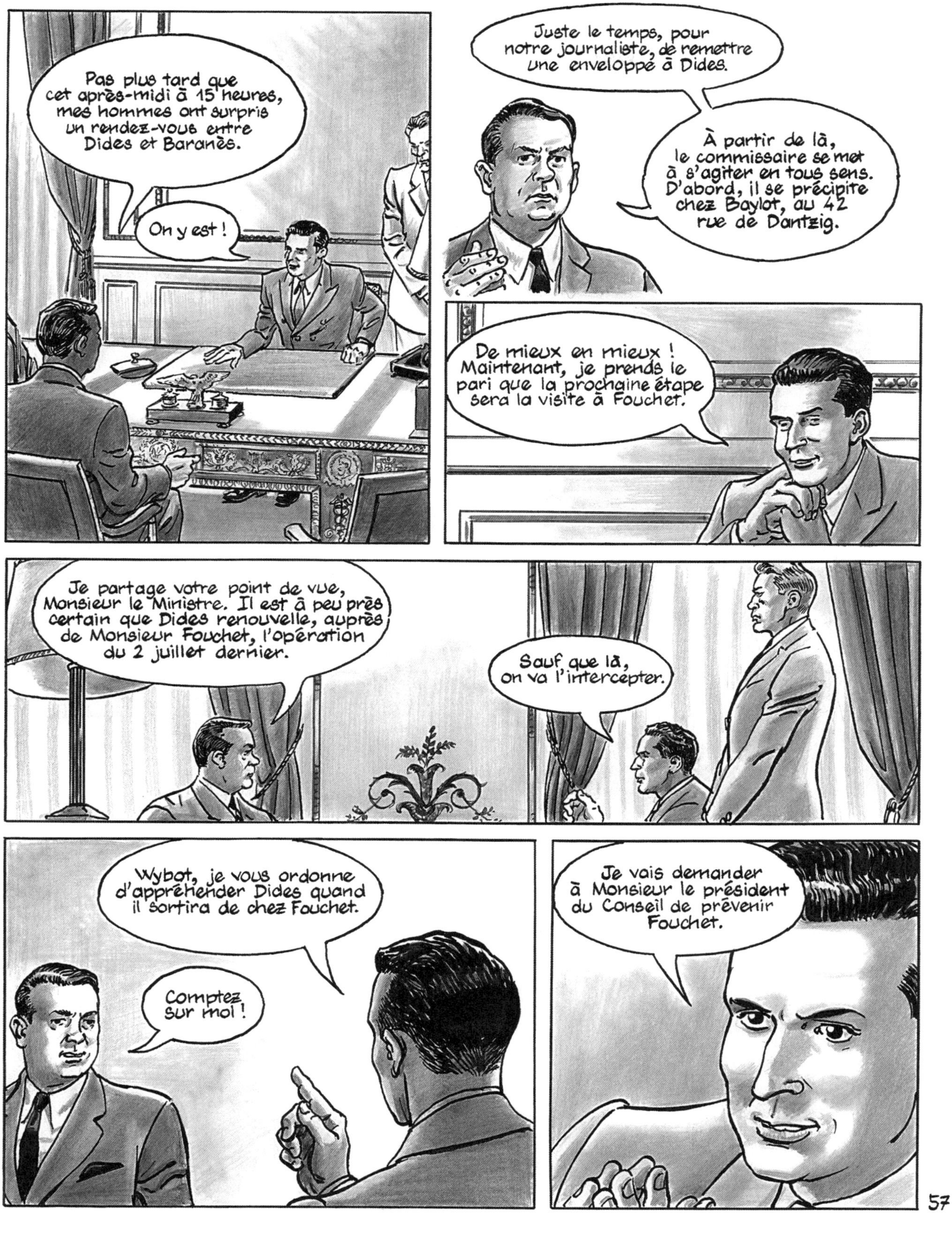
Pas plus tard que cet après-midi à 15 heures, mes hommes ont surpris un rendez-vous entre Dides et Baranès.
On y est !
Juste le temps, pour notre journaliste, de remettre une enveloppe à Dides.
À partir de là, le commissaire se met à s'agiter en tous sens. D'abord, il se précipite chez Baylot, au 42 rue de Dantzig.
De mieux en mieux ! Maintenant, je prends le pari que la prochaine étape sera la visite à Fouchet.
Je partage votre point de vue, Monsieur le Ministre. Il est à peu près certain que Dides renouvelle, auprès de Monsieur Fouchet, l'opération du 2 juillet dernier.
Sauf que là, on va l'intercepter.
Wybot, je vous ordonne d'appréhender Dides quand il sortira de chez Fouchet.
Comptez sur moi !
Je vais demander à Monsieur le président du Conseil de prévenir Fouchet.
57

Au coin de la rue de Solférino, Roger Wybot surveille l'entrée du ministère des Affaires marocaines et tunisiennes. Le directeur de la DST vérifie que son dispositif est bien en place. Il reconnaît ses inspecteurs dans les peintres en attente, le facteur portant sa sacoche et le fonctionnaire sa serviette...
Ça suffit ! Suivez-nous.
Donnez-moi votre serviette.
Il n'en est pas question. Elle contient des documents classés secret défense.
C'est justement ce qui nous intéresse.
58

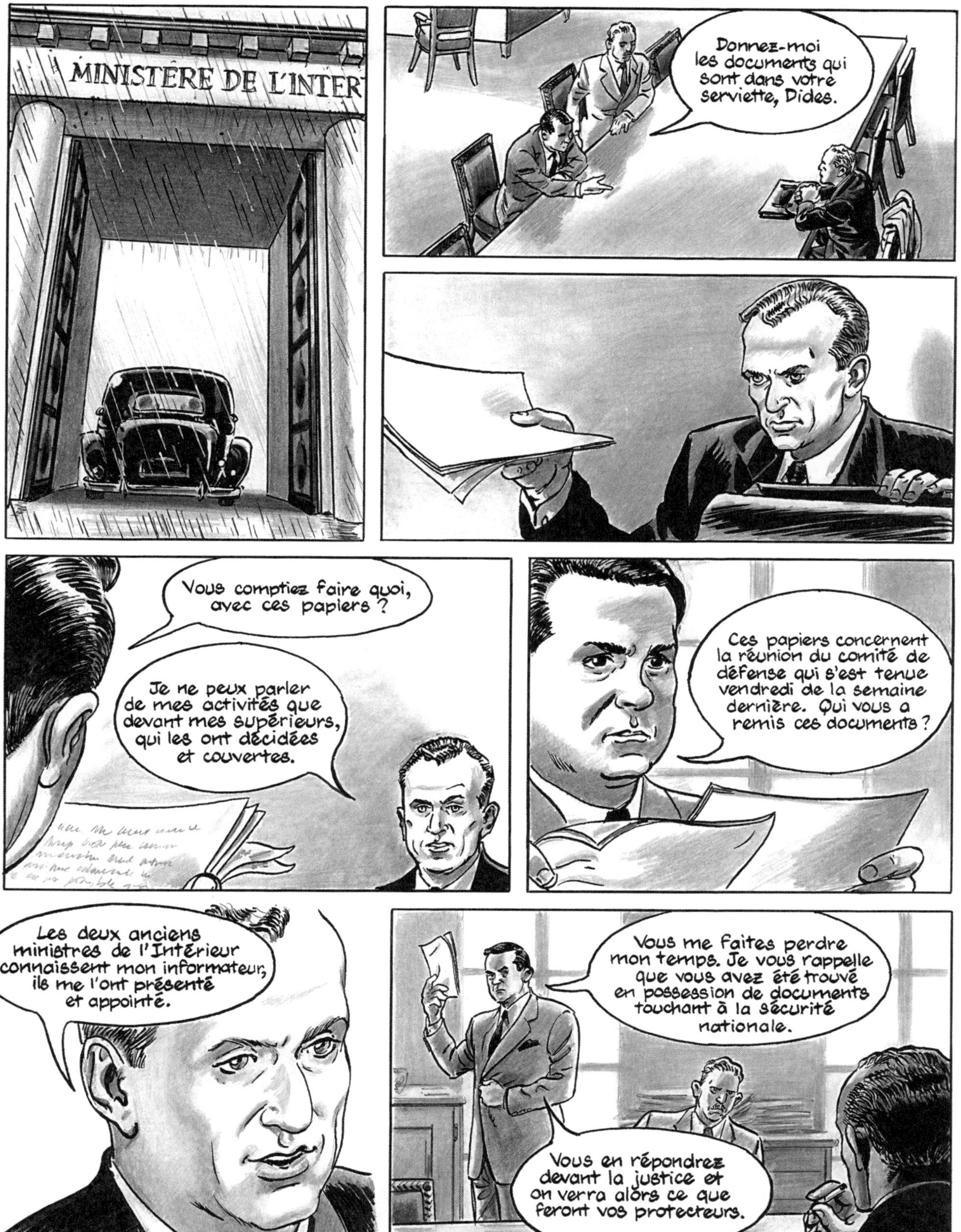
MINISTÈRE DE L'INTER
Donnez-moi les documents qui sont dans votre serviette, Dides.
Vous comptiez faire quoi, avec ces papiers ?
Je ne peux parler de mes activités que devant mes supérieurs, qui les ont décidées et couvertes.
Ces papiers concernent la réunion du comité de défense qui s'est tenue vendredi de la semaine dernière. Qui vous a remis ces documents ?
Les deux anciens ministres de l'Intérieur connaissent mon informateur, ils me l'ont présenté et appointé.
Vous me faites perdre mon temps. Je vous rappelle que vous avez été trouvé en possession de documents touchant à la sécurité nationale.
Vous en répondrez devant la justice et on verra alors ce que feront vos protecteurs.

59

Désolé, Monsieur le Ministre, mais le bougre ne lâche rien.
Il se croit intouchable.
Une chose me trouble. Ces documents sont bruts : c'est un compte rendu objectif. Lors de la précédente fuite, les papiers apportés par Dides à Fouchet étaient "habillés" avec les commentaires de Duclos.
La source était le Parti communiste. Là, ce n'est pas le cas.
Ils n'ont pas eu le temps. On a intercepté Dides avant que les documents ne soient maquillés.
Ce qui signifie, si on suit votre raisonnement, Monsieur le Directeur, que la source est bien le comité de défense nationale ...
... et pas le Parti communiste.
On a affaire à une vaste manipulation. Assez perdu de temps. Arrêtez l'informateur de Dides. Comment s'appelle-t-il, déjà ?
Baranès. André Baranès, Monsieur le Ministre.
Coffrez-le. Il parlera.
Si vous permettez, Monsieur le Ministre, cela ne suffira pas. Il faut que j'interroge aussi Mons, Turpin et Labrusse !
Allez-y, commencez par Mons. Mais allez-y mollo !

Monsieur Mons, je vous ai demandé de venir dans ces locaux lugubres car j'ai besoin de votre collaboration pour débrouiller cette affaire des fuites.
Je ferai de mon mieux, Monsieur le directeur. Je suis là pour vous aider.
SIÈGE DE LA DST.
Je ne peux trouver de spécialiste plus qualifié que vous pour m'expliquer le mystère de la ressemblance frappante entre les deux séries de documents, les vôtres et ceux de Baranès.
Notre homme a assisté à la séance du 10 septembre. On ne peut expliquer autrement ces ressemblances.
L'informateur de Baranès a entendu la même chose que moi.
Encore une fois, qui a accès à vos comptes rendus du comité de défense nationale ?
Personne, mes notes ne me quittent jamais. Et quand elles me quittent, elles sont enfermées dans le coffre de mon bureau.
C'est quand même troublant, la similitude entre les deux documents. Ces lignes prouvent que les notes de Baranès découlent directement des vôtres.
C'est une machination, je ne comprends pas comment cela a pu se produire.
Le plus vraisemblable c'est que quelqu'un en qui vous aviez placé votre confiance l'a trahie.
Je pense à Turpin.
61

Non, Turpin, c'est impossible. Je le connais depuis dix ans. J'ai toute confiance en lui.
Réfléchissez bien, Monsieur Mons.
Eh bien on va lui poser quelques questions.
Ça tombe bien, il est interrogé dans le bureau à côté !
Vous comprenez la gravité de la situation. Si vous avez le moindre doute, c'est le moment.
Quand je suis absent, Turpin a accès à mon bureau.
Quand Monsieur Mons s'absente, il enferme ses notes dans une armoire en fer dont il garde la clef.
Il m'est donc physiquement impossible d'avoir accès aux comptes rendus !
Je suis content de vous voir, Monsieur le directeur.
J'expliquais à ces Messieurs l'impossibilité où je suis d'avoir connaissance des notes de mon supérieur.
Les conditions de sécurité sont très strictes ! Vous devriez interroger à ce sujet le colonel de Caumont qui est responsable de la sécur...
Justement, il vient de nous livrer son témoignage.
62

Il affirme que le 13 septembre dernier, il est entré dans le bureau de Mons, alors absent.
Il vous a trouvé assis à la table de celui-ci, comme cela vous arrive souvent, paraît-il.
Ce qui l'a vraiment surpris, c'est que vous étiez en train de consulter les notes de votre chef concernant le comité de défense du 10 septembre.
Vous confirmez, Monsieur Turpin ?
Je vais vous dire la vérité puisque j'y suis contraint.
Ce jour-là, quand j'ai vu le dossier contenant le compte rendu du 10, je n'ai pas pu résister, je l'ai lu.
Et j'ai été scandalisé !
On envisageait d'engager le pays dans la construction de l'arme nucléaire. Ainsi on pourrait déclencher la guerre en appuyant sur un bouton, sans consulter le peuple.
Épargnez-moi vos lamentations pacifistes. Qu'avez-vous fait ensuite ?
J'en ai parlé à mon collègue Roger Labrusse, qui partage mes idées politiques.
Il m'a dit être en contact avec des journalistes et des parlementaires à qui il pourrait communiquer ces décisions extrêmement graves pour le pays.
Allez me chercher ce Labrusse.
RUE GUYNEMER, CHEZ LES MITTERRAND.
François, c'est Wybot.
J'espère que vous avez une bonne raison pour...
...
J'arrive tout de suite.
63

On approche du dénouement !
Comment suivre les interrogatoires sans qu'on me voie ?
Rien de plus facile. Je vais installer nos trois personnages en bas, chacun dans une pièce équipée de micros et reliée à une salle d'écoute au dernier étage.
Venez, je vais vous montrer le chemin.
Monsieur Turpin, vous nous avez dit que vous aviez recopié le compte rendu rédigé par votre supérieur, Monsieur Mons, après le comité du 10 septembre.
C'est cela.
Vous nous avez expliqué avoir agi sous le coup de l'émotion quand vous avez pris connaissance de ces papiers sur le bureau de Mons.
C'est tout à fait cela.
Après le comité du 28 juin, vous aviez également agi de manière spontanée ?
Oui. Le dossier avec les notes rédigées par Monsieur Mons était sur sa table. J'ai recopié ces notes et je les ai passées à Monsieur Labrusse. Avec mon accord, il les a communiquées au journal *Libération* où il a ses entrées.
À qui, au journal *Libération* ? À Baranès ?
J'y vais.
Je ne sais pas. Je ne connais pas ce Baranès.
Pendant que vous y êtes, vous reconnaissez être également à l'origine des fuites qui ont suivi le comité du 26 mai ?
Je... Je le reconnais.
64

Monsieur le secrétaire général, Turpin vient d'avouer. C'est lui qui est à l'origine des fuites après les comités de défense nationale des 26 mai, 28 juin et 10 septembre.
Turpin coupable ?! Je n'en reviens pas. Je lui avais donné ma confiance.
Vous avez eu tort.
Reste, Monsieur Mons, un problème de taille.
Comment a-t-il pu avoir accès à vos notes ? Elles se trouvaient, selon vos dires, dans une armoire en fer fermée à clef. Vous ne vous séparez jamais de la clef ?
Non, non, elle est toujours dans ma poche.
Si on exclut l'hypothèse selon laquelle il aurait forcé la serrure, l'explication est simple : les dossiers n'étaient pas dans l'armoire mais sur votre bureau.
D'ailleurs, Turpin a reconnu avoir recopié le dossier qui était sur votre table de travail.
Il a peut-être consulté mes notes pendant une courte absence où je les avais laissées sur ma table ?
Peut-être, en effet. Mais cette explication n'est valable qu'une fois.
Après les fuites du 26 mai, le ministre de l'Intérieur, Monsieur Martinaud-Deplat, vous a demandé de prendre des mesures de sécurité, de changer les serrures.
C'est ce que j'ai fait.
Vous ne pouvez pas, ensuite, laisser vos notes secrètes sur votre bureau par inadvertance.
C'est pourtant ce qui a dû se produire. C'est un oubli.
Par trois fois, vous avez laissé votre adjoint consulter vos papiers ultra-secrets.
Peut-on encore parler de distraction, Monsieur Mons ?

65

PLACE BEAUVAU.
Dans cette affaire des fuites, nous connaissons désormais les coupables grâce à la diligence de Monsieur le directeur de la DST.
Turpin recopiait les papiers que Mons laissait traîner sur sa table.
Il les passait à Labrusse qui les remettait à Baranès.
Ce Baranès, agent double ou triple, habillait ces documents pour faire croire qu'ils provenaient de la direction du Parti communiste. Il les donnait ensuite au commissaire Dides.
Voilà les faits. Ils sont simples.
L'affaire devrait être terminée. Pour le public, elle commence.
Les arrestations des protagonistes, l'interpellation de Dides, ont provoqué un déluge d'articles de presse.
Le Figaro, Paris-Presse, L'Aurore, au lieu de se féliciter que les coupables soient mis hors d'état de nuire, attaquent les services de police et vous mettent en cause, Monsieur le Ministre.
Si vous permettez, pour vous montrer la gravité de la situation, je vous fais une rapide revue de presse.
LE FIGARO
Je vous en prie, Jean-Paul.
Le Figaro : "Pourquoi, alors que l'enquête s'orientait, pour retrouver les documents disparus, vers le Parti communiste, pourquoi apprend-on tout à coup que les agents de renseignement qui surveillaient les activités antinationales du Parti communiste ont été brûlés ?"
Le New York Times : "François Mitterrand est lui-même responsable des fuites."
Ils ne manquent pas d'air !
66

HÔTEL MATIGNON.
Ils ne se rendent pas compte de ce qu'ils font.
L'AURORE
LA TRAHISON JUSQU'OÙ ?
Si vous permettez, je crois qu'ils savent très bien ce qu'ils font.
Que voulez-vous dire, Viansson ?
L'affaire policière est terminée, les coupables sont désignés. Mais l'affaire politique ne fait que débuter. Elle vous vise.
Vous, votre gouvernement et Mitterrand.
Les attaques contre le ministre de l'Intérieur sont injustes.
Vous savez, Président, que Mitterrand est très touché par cette histoire.

Je ne l'ignore pas. Je lui ai d'ailleurs écrit un mot de ma main pour le féliciter de son courage face à des adversaires sans foi ni loi.
Cela l'a sans doute réconforté, mais dans les causes de son amertume, il n'y a pas que les adversaires...
Il n'a pas supporté que vous le teniez dans l'ignorance de cette affaire pendant deux mois.
C'est donc cela !
Je le trouvais bizarre depuis quelque temps, gêné, distant en tout cas.
Sans vouloir me faire son porte-parole ou son avocat, reconnaissez que vous avez jeté le soupçon sur lui.
Pas sur lui. Sur tout le monde ! Mon devoir était de n'exclure aucune hypothèse !
Quand même, mettez-vous à sa place ! Il est ministre de l'Intérieur. Une enquête est diligentée par ses services pour trouver l'origine de fuites très graves et il n'est pas mis dans la confidence ?!
Il est si meurtri que ça ?
Vous le connaissez. Sous son masque impassible, c'est un être sensible, susceptible.
Il ne vous pardonnera jamais ce qu'il appelle une trahison.
Vous m'en voyez désolé. C'est vraiment un homme de grand talent, le premier de sa génération.
Il ira loin.
Mais il doit se cuivrer la peau.
68

HA HA HA HA HA
"Se cuivrer la peau."
HAHAHA
J'ai appris, bien plus tard, que Mendès avait des regrets. Il n'a pas poussé la bonté jusqu'à les exprimer devant moi !
Même après la fin de l'affaire ?
Les coupables connus et arrêtés, j'aurais pu croire que les attaques contre moi allaient cesser. C'est tout le contraire qui s'est produit.
Mais les faits parlaient en votre faveur !
Les faits ne peuvent rien contre la calomnie. Nous avons eu à affronter une campagne qui cherchait à me discréditer.
J'étais la cible.
Comment expliquez-vous cet acharnement ?
Ils voulaient ma peau. Lorsque l'affaire n'était connue que dans quelques cercles, certains répandaient les pires rumeurs sur ma personne : j'étais l'homme qui, au comité de défense nationale, renseignait le Parti communiste.
L'enquête de Wybot a balayé cette accusation !
Par la suite, dans les mêmes journaux, je suis devenu l'homme qui brûlait les sources de renseignements sur le PCF.
Le préfet Baylot, que j'avais viré, activait ses réseaux pour faire circuler le message : les coupables étaient innocents !
La mise à pied de Dides, suspendu par mes soins, et l'incarcération de Baranès constituaient un scandale aux yeux de mes détracteurs. On écartait les bons serviteurs de la patrie !
Et comment cela s'est-il terminé ?
En eau de boudin. Dix-huit mois plus tard, l'affaire des fuites est venue devant les tribunaux. Mais de l'eau avait coulé sous les ponts...
69

La guerre d'Indochine à peine terminée...
... la guerre d'Algérie a commencé.
Le soulèvement du 1er novembre ne m'a pas vraiment surpris.
Je me suis rendu sur place très vite.
La seule négociation, c'est la guerre !
Traître !
Bradeur !
Dehors, Mendès !!!
C'est la guerre d'Algérie qui a fait tomber le gouvernement Mendès !

Et vous vous êtes retrouvé Garde des Sceaux du gouvernement Mollet ?
Vous allez vite en besogne, Mademoiselle !
Aux élections du 2 janvier 1956, le Front républicain l'a emporté. Tout le monde s'attendait à ce que Mendès retourne à Matignon.
13
11
9
Pierre POUJAD
Mais le président de la République a désigné Guy Mollet. Et j'ai accepté, en effet, le portefeuille de la Justice !
Et c'est en tant que ministre de la Justice que vous avez témoigné au procès des fuites !
On ne peut rien vous cacher !

71

Le procès de l'affaire des fuites s'ouvre le 7 mars 1956.
Mons est prévenu libre ainsi que Baranès. Turpin et Labrusse sont emprisonnés depuis l'automne 1954. Le commissaire Dides, élu député poujadiste, bénéficie de l'immunité parlementaire.
Faites entrer le premier témoin !
Je l'affirme devant vous, Baranès n'a pas d'informateur au Parti communiste, pas d'indicateur, rien !
Les fuites ont bien existé. D'où viennent-elles ? Comment Baranès en a-t-il eu connaissance ?
Nous sommes en possession de trois documents fondamentaux : le rapport Dides remis à Fouchet le 2 juillet 1954, qui est dactylographié et concerne le comité du 28 juin...
Les manuscrits de Baranès sur les comités du 28 juin et du 10 septembre...
Enfin, les notes de Mons.
Ces pièces nous démontrent que les notes Baranès sont l'héritage direct des notes Mons.
Mais entre le document Baranès et le document Dides intervient le maquillage des notes, ce qui oriente l'enquête vers le gouvernement Mendès France.
Et si je n'avais pas fait arrêter le commissaire Dides, comment aurait-on eu ces documents ?
C'est une honte ! Le commissaire Dides nous protège des communistes !
Mitterrand, traître !
La séance est suspendue !
72

Ce procès est un scandale ! Je continue d'être traité en coupable, alors que c'est grâce à moi que les responsables des fuites ont été identifiés !
Vous savez bien que ce tribunal est avant tout une tribune.
Tout de même ! Devoir être confronté à la barre avec des voyous comme Dides ou Baranès, qui ont comploté contre moi ! Ils veulent m'humilier.
Maître Tixier-Vignancour... Je ne pense pas vous avoir invité à entrer en ces lieux.
En effet, mais je souhaite vous tenir deux mots discrètement.
Monsieur le Garde, nous n'avons rien contre vous. Au contraire, mon client est prêt à témoigner de votre innocence. J'ai ici une lettre où il reconnaît votre bonne foi.
Mais nous voulons la peau du Juif.
Donnez-moi Mendès et je vous fais un triomphe. Un seul mot.
Dehors !
Quel salaud !
73

La dernière fois que nous nous sommes vus, il y a un mois, vous aviez achevé l'affaire des fuites.
Pensez-vous que, dans cette histoire, vous avez commis une erreur ?
Dans l'affaire des fuites, je suis victime, pas coupable, je vous le rappelle pour la clarté de nos discussions.
Si j'ai commis une faute, c'est de ne pas avoir vu à temps la machination contre moi. J'ai sous-estimé mes adversaires.
Avez-vous sous-estimé la haine que vous engendrez ? L'extrême droite vous en veut de l'avoir trahie après l'avoir beaucoup fréquentée.
Vous n'y allez pas avec le dos de la cuillère !
Sachez que mes adversaires n'étaient pas seulement l'extrême droite, mais aussi les gaullistes.
Les gaullistes ?
Vous allez le voir dans l'affaire suivante.
Vous parlez du bazooka ?
Quelle perspicacité ! Comme j'ai décidé de tout vous dire, je commencerai par une révélation...
... Un scoop, comme disent les journalistes qui parlent franglais à défaut d'écrire français.
74

PARIS, 1856.
ERIE LIPP
Merci, Messieurs, vous pouvez disposer.
En route, Viansson. Direction la Santé.
On nous suit ?
Non.
Me direz-vous où nous allons ?
123
COUVENT DE LA Ste AGONIE
J'ai rendez-vous avec le général Cogny.
J'ai besoin d'un témoin qui puisse, le cas échéant, relater ce que nous allons nous dire.
Mon Général, je suis un peu surpris de cette rencontre en ce lieu.
Je suis venu, en souvenir de nos contacts dans la Résistance. Je vous écoute donc.

Merci, Monsieur le Garde, d'avoir accepté ce rendez-vous. J'irai droit au but. Inutile, je pense, de vous faire un tableau de la situation en Algérie.
La rébellion gagne du terrain et notre riposte est inadaptée. Je souhaite être nommé commandant en chef en Algérie et je sollicite votre soutien.
Vous êtes direct. Je ne suis pas ministre de la Défense ni de l'Algérie. Qu'est-ce qui vous permet de penser que mon éventuel appui puisse vous aider ?
Vous êtes le troisième ministre par ordre protocolaire. Je connais votre influence.
Admettons que je soutienne votre candidature, quel est mon avantage, si je puis me permettre d'être direct à mon tour ?
Nul n'ignore que vous visez Matignon. Vous savez que j'ai des contacts au plus haut niveau. Je peux mettre mes réseaux à votre service.
Si vous accédez à Matignon, sachez que le ministère de la Défense ne me déplairait pas.
Voilà qui a le mérite de la clarté. Vous me proposez une sorte de troc : je vous soutiens, vous me soutenez.
Appelons ça un échange de bons procédés.
Votre proposition mérite réflexion, mais a priori, je n'ai pas d'objection de principe. J'apprécie l'homme que vous êtes. Vous êtes un grand soldat, votre carrière parle pour vous.
J'en ai autant pour vous. Vous m'êtes sympathique, vous avez été un grand ministre de l'Intérieur au début de cette guerre d'Algérie...
... si on excepte cette sale affaire des fuites qu'on a voulu vous mettre sur les bras.
Je me permettrai de vous recontacter dans quelque temps, par le même canal.
C'est cela, reparlons-nous en temps utile !
76

Vous savez, Viansson, que pendant la guerre, ce couvent servait à cacher des aviateurs anglais qui avaient été abattus? La mère supérieure était dans le coup.
Bizarre, ce Cogny !
Une ambition sans limite, peut-être disproportionnée par rapport à ses capacités.
Pourquoi marchez-vous avec lui ?
Je fais semblant pour savoir ce qui se trame derrière.
Qu'espérez-vous découvrir ?
C'est un proche de Debré. Ce n'est pas bon signe. C'est une bande de comploteurs !
Debré aussi ?
Debré surtout !
Qui était l'homme qui accompagnait Cogny ?
Un dénommé Griotteray. Il est à son cabinet. L'homme des basses oeuvres.
Ainsi, vous avez rencontré Cogny, qui est au coeur de l'affaire du bazooka, quelque temps avant qu'elle n'explose !
Le mot est bien choisi.
Vous voyez que je ne cache rien.
77

ALGER. 15 NOVEMBRE 1956.
Le général Salan prend le commandement en chef de l'armée d'Algérie.
Vous voilà chez vous, mon Général.

78

HAUTEURS D'ALGER. 15 DÉCEMBRE 1956.
Entrez, Monsieur Knecht.
Monsieur Kovacs, je viens vous voir de la part d'un comité clandestin à Paris, qui veut faire bouger les choses ici, à Alger.
Il serait temps.
L'objectif est de remplacer Salan par le général Cogny. Celui-ci va arriver demain à Alger avec son aide de camp, Griotteray.
Ils vous expliqueront la manoeuvre. Moi, je suis juste chargé d'assurer le contact.
Je vous attends demain !
Kovacs était un activiste d'extrême droite qui avait travaillé pour les services secrets français.
Ancien nageur de compétition, judoka de bon niveau, c'était un colosse qui s'était entouré d'une petite bande fascinée par son bagout, son entregent et son argent.
Il vivait sur un grand pied, avec sa femme, dans une villa superbe qui dominait la baie. Le couple, qui roulait en Cadillac, organisait des dîners avec le Tout-Alger.
79

16 DÉCEMBRE 1956.
Alors, Monsieur Griotteray ?
Il s'agit de déclencher une sorte de coup de force qui donnerait, à Alger, le pouvoir à Cogny. La bombe allumée ici explosera dans la métropole.
Il est visible, Cogny ?
Cette après-midi, je vous arrange un rendez-vous dans ma chambre au Saint-George.
Merci, Docteur, de l'aide que vous m'apportez.
Qu'attendez-vous de moi ?
Personne ne vous en a parlé ? Mais simplement de résoudre le problème Salan.
Salan ? Mais comment faire ?
C'est l'obstacle majeur. Il faut l'écarter.
Vous avez une idée ?
80

Alger, en cette fin d'année 1956, est à feu et à sang. Des attentats du FLN font de nombreuses victimes.
Des bombes éclatent dans les bars, les restaurants.
MILK-BAR
Le gouvernement Mollet, dont Mitterrand est le Garde des Sceaux, fait appel à l'armée pour rétablir l'ordre dans la ville blanche.
La 10e Division parachutiste, commandée par le général Massu, entre dans Alger.
Mon Général, vous n'oubliez pas votre rendez-vous chez le ministre tout à l'heure ?
Oui, c'est bon, Capitaine.
Alors, Rodier, dans quel secteur est le 3e RPC de Bigeard ?
16 JANVIER 1957.

82

19H02.
BAAM
19H15.
Mon Général, ça a pété dans votre bureau.
Rodier !
83

84

Ça vient de là-haut, Monsieur le juge !
Le tube de gauche est orienté sur la fenêtre de mon bureau, l'autre sur celle du cabinet militaire.
Ils ont utilisé des obus à forte pénétration.
Ces sauvages voulaient tuer !
Le fil électrique va parler !

85

Vous vendez ce genre de fil ?
Ce n'est pas un type courant. Regardez, il est tressé de quatorze brins contre dix-neuf pour le modèle vendu dans le commerce.
Vous savez où on peut en trouver ?
Essayez chez Vicient, avenue des Consulats.
Comment était-il possible que ces activistes de l'Algérie française, certes un peu primaires, acceptent de tirer sur l'homme dont la mission était précisément de garder l'Algérie à la France ?! Salan, bradeur d'empire ? Quelle ineptie ! Il a fini à la tête de l'OAS !
Une idée aussi saugrenue n'avait pu que leur être fortement suggérée, à cette bande de pieds nickelés ! Ils étaient tellement persuadés qu'ils étaient couverts en haut lieu, qu'il n'y aurait pas de poursuites, qu'ils ont laissé tous les indices sur place ! Jamais enquête n'a été aussi rapide !

86

COMMISSARIAT CENTRAL D'ALGER.
On a fait sept vendeurs, patron, et le septième était le bon.
Il se souvenait très bien de l'acheteur de ce fil spécial.
On a chopé le type, qui nous a donné ses copains. La tête du groupe est un dénommé Kovacs.
Kovacs ? Ce fou ?!
On a perquisitionné chez lui. Nada. Il nie tout.
Et qui d'autre ?
Castille, Philippe Castille.
Castille, Castille... Il est de la maison ?
Ancien du 11e choc. Il est cadre chez Renault.
Et il est où, ce Castille ?
Ici.
Amenez-le moi.
Vos complices nous ont tout raconté. Inutile de nier.
87

Tuer Salan, quelle aberration !
Salan est un drogué, liquidateur de l'Indochine, homme de main de Mendès France !
Il a tellement tiré sur le bambou avec les niaks qu'il leur a refilé l'Indo. On nous a répété qu'il a été nommé ici pour liquider l'Algérie française !
Qui est ce "on" ?
Au-dessus, il y a un général quatre étoiles qui ne sert pas en Algérie, et un comité à Paris, dirigé par Debré.
Michel Debré ? Le sénateur ?!?
Demandez à Kovacs, c'est lui qui a eu les contacts !
Le 16 décembre dernier, Griotteray nous a fait clairement entendre que le seul obstacle à la réalisation de son projet - la nomination de Cogny à Alger - était la présence de Salan.
Concrètement, il proposait quoi ?
J'y viens. Début janvier, Griotteray est revenu ici. Je l'ai rencontré. C'est au cours de cet entretien que...
Mais il y a Salan. S'il disparaissait, ce serait tout autre chose et les difficultés seraient aplanies.
Salan éliminé, Cogny apparaît dans les heures qui suivent.

Je n'ai pas été policier pendant trente-deux ans pour rien. Kovacs dit la vérité.
Pouvez-vous nous rappeler quel était le but de ce complot ?
L'élimination du général Salan et son remplacement par le général Cogny.
Ensuite, l'instauration, à Paris, d'un "gouvernement de Salut Public", où Monsieur le sénateur Debré jouerait un grand rôle.
Vous confirmez l'existence de ce comité à Paris, dirigé par le sénateur Debré qui a pris l'initiative de ce complot ?
Affirmatif.
Nous n'aurions pas agi si on ne nous avait pas fortement incités à faire sauter l'obstacle Salan.
Cette histoire est invraisemblable !
Mais vraie. Étayée par des témoignages et des documents irréfutables.
Comment imaginer qu'un sénateur comme Debré commandite un attentat contre le commandant en chef en Algérie ?!
Écoutez la suite, qui n'est pas à mon avantage.
Vous changerez peut-être d'avis...

89

PARIS, FÉVRIER 1957. MINISTÈRE DE LA JUSTICE.
Monsieur le Ministre, le Procureur général d'Alger est venu ici même remettre entre vos mains l'ensemble des PV d'interrogatoires et des rapports concernant l'enquête sur l'attentat contre le général Salan.
Pouvez-vous me faire une synthèse de toutes ces informations, Nicolaÿ ?
Cet attentat, qui a coûté la vie au commandant Rodier, a été préparé et exécuté par un groupe d'activistes autour du docteur Kovacs et de Philippe Castille.
L'opération avait pour but, d'après les déclarations des prévenus, de "faire sauter l'obstacle Salan" et de permettre au général Cogny de prendre sa place à Alger.
Nous avons, dans les PV d'interrogatoires, une multitude de précisions sur l'implication de Griotteray, lieutenant de Cogny, dans l'affaire.
VERBAL
Procès Verbal N°
Il a rencontré à plusieurs reprises Kovacs et ses hommes, y compris dans la villa de celui-ci.
Cogny lui-même est venu à Alger les 15 et 16 décembre derniers. Ce jour-là, il a rencontré le docteur dans une chambre de l'hôtel Saint-George.
Griotteray fait le lien entre Debré et Cogny.
La DST surveille ses allées et venues. Wybot m'a passé des rapports de filatures explicites.
Ce n'est pas très légal.
Non. Mais avec Wybot nous avons gardé des liens depuis l'affaire des Fuites.
Il n'est pas interdit que le Garde des Sceaux ait ses propres sources d'information.
Faites-le entrer.
90

Je n'ai rien à voir avec cette affaire !
Tu me vois, moi, Michel Debré, ordonner un attentat contre le chef des troupes qui se battent pour garder l'Algérie française ?!
Il y a dans le dossier des déclarations qui te mettent gravement en cause. En tant que Garde des Sceaux, je ne peux pas les ignorer.
Des déclarations de qui ?! Un maître-nageur, un vendeur de voitures !
Il n'est pas maître-nageur mais médecin stomato et ancien champion de natation. Et il t'accuse de lui avoir demandé d' "éliminer Salan".
Je n'ai jamais dit ça ! J'ai juste parlé de lui comme d'un obstacle à faire sauter...
À coups de roquette !
Leurs actes ont dépassé ma pensée.
Elle n'était sans doute pas assez claire. En tout cas, tes émissaires ont rencontré cette bande de fadas. Griotteray fait partie de ton cercle de comploteurs, Cogny aussi !
Mais il n'y a pas de complot ! Juste un groupe d'amis inquiets du sort de l'Algérie française.
Je ne vois pas où est le crime ...
Pourtant, il y a une victime : le commandant Rodier. Le procureur juge que les faits incriminés sont d'une extrême gravité. Pour lui, l'instigateur est un sénateur.
Il recommande donc la levée de ton immunité parlementaire.
Tu ne peux pas faire ça ! Ce serait la fin de ma carrière, sur de simples racontars !!
Je peux m'en expliquer, mais il faut que tu me laisses le temps.
Je dois en parler à Mollet, mais à titre personnel, je pense que rien ne presse.
Et puis j'ai trop souffert des attaques injustes de tes amis pour ne pas me méfier de ce genre d'affaire.
Je ... Je te remercie. Je n'oublierai pas ton attitude.
Je n'oublierai pas !
91

Jusqu'où était-il prêt à ramper !
Les faits établis ne souffrent guère de contestation.
Trop d'indices se recoupent pour ne pas croire les aveux des prévenus.
Si on avait un doute sur la culpabilité de Debré, son attitude dans ce bureau nous l'ôterait.
Il ne pensait pas à l'assassinat mais à l'élimination politique...
Vous allez demander la levée de l'immunité parlementaire ?
Je ne crois pas. Je vais laisser la procédure suivre son cours. Pour l'instant, une instruction militaire est ouverte à Alger. Mais elle ne couvre que les auteurs de l'attentat, pas ses instigateurs.
Je vais donc faire ouvrir une instruction civile ici, pour l'autre volet de l'affaire, la partie politique qui se joue à Paris.
Je parie que l'instruction va s'enliser et se terminera par une pantalonnade.
Il faut que vous demandiez la levée de son immunité parlementaire.
Je garde tout cela sous le coude.
Debré, ce n'est rien, un fanatique qui éructe dans son Courrier de la colère.
Il travaille pour le retour du général de Gaulle au pouvoir.
De Gaulle ne reviendra jamais. Il ne sert à rien de couler notre ami le sénateur aujourd'hui. On ne sait jamais : ce dossier pourra servir demain. C'est mon assurance-vie.

Je le reconnais, j'ai commis une grosse faute. Comme l'avait prédit Pierre Nicolaÿ, l'affaire du bazooka s'enlisa dans les méandres de la procédure.
Le juge d'instruction chargé, à Paris, du "volet politique", lança un mandat contre Knecht et Griotteray, qui s'enfuit en Espagne.
Les inculpés désignèrent comme avocats Maîtres Tixier-Vignancour et Biaggi, intime de Griotteray et de Cogny.
Vous aviez connu Biaggi au collège ?
On ne peut rien vous cacher !
Cette amitié enfantine lui a permis d'appeler place Vendôme pour me menacer !
Voilà qui explique peut-être votre extrême prudence sur cette affaire !
Je vois que vous avez une haute opinion de mon courage !
Bien plus tard, le commissaire qui avait recueilli les aveux de René Kovacs confiera : "L'instruction a été stoppée à Paris, par la faute du ministre de la Justice".
Trois mois après l'attentat, vous avez renoncé à l'instruction ouverte à Paris. Le juge se dessaisit de l'affaire au profit du tribunal militaire d'Alger.
Nous étions le 13 mai 1957. Une semaine plus tard, le gouvernement Mollet était renversé. Je n'étais plus Garde des Sceaux.
Quand le procès est venu, de Gaulle était au pouvoir.

93

ALGER, 13 MAI 1958.
Une manifestation dégénère et se transforme en insurrection.
L'immeuble du Gouvernement général est envahi et pillé.
Le coup de force du 13 mai à Alger déclenche un processus qui va conduire au retour au pouvoir du général de Gaulle.
FORUM D'ALGER, 15 MAI.
Le général Salan s'adresse à la foule.
BRAVO !!
Algérois, mes amis, je suis des vôtres !
BRAVO !!
HOURRA !
Vive l'Algérie française !
Criez "vive de Gaulle".
Et... Vive de Gaulle !
94

PARIS, PALAIS D'ORSAY. 19 MAI 1958.
Je suis prêt à assumer les pouvoirs de la République.
Est-ce que vous respecterez les libertés publiques ?
Pourquoi voulez-vous qu'à 67 ans je commence une carrière de dictateur ?!
1ER JUIN 1958.
L'Assemblée nationale s'apprête à investir le Général de Gaulle comme président du Conseil avec les pleins pouvoirs.
ASSEMBLÉE NATIONALE
En 1944, le Général de Gaulle avait à ses côtés deux compagnons : l'honneur et la patrie.
Ses compagnons d'aujourd'hui s'appellent le coup de force et la sédition !
BRAVO !!!
Mitterrand vendu !
OUHHH !
BOUH !
Vive de Gaulle !

95

Il va être difficile de s'opposer frontalement au Général. Beaucoup se rallient.
Il n'est pas question de se rallier à un dictateur revenu au pouvoir sur les baïonnettes des colonels !
Il va falloir s'attendre à des coups durs. Les gaullistes ne lésineront pas sur les moyens pour faire taire les opposants.
On en a pour dix ans. Dix ans d'opposition. Cela laisse des loisirs.
Va falloir s'occuper. Roland, vous écouterez de la musique d'opéra. Et moi...
... Il me reste l'essentiel.

96

JUILLET 1958. CHÂTEAU DE VINCENNES. TRIBUNAL PERMANENT DES FORCES ARMÉES.
Après moult rebondissements, les inculpés de l'affaire du bazooka sont renvoyés devant le tribunal militaire.
C'est à vous, Maître Tixier-Vignancour.
Les accusés présents dans le box...
... ne sont que des instruments aux mains de personnalités que je ferai citer pour la manifestation de la vérité.
Je demande la mise en liberté provisoire des prévenus !
97

Le message avait été reçu cinq sur cinq, comme on dit en jargon de bidasse.
Vous pensez vraiment que le tribunal a cédé à la menace ?
Vous avez souvent vu des inculpés qui risquaient leur tête pour assassinat être mis en liberté provisoire à la stupéfaction générale ?
Les accusés se sont rétractés.
Tixier a négocié leur mise en liberté contre la promesse du silence. C'est une comédie pitoyable.
Que sont-ils devenus ?
Kovacs s'est réfugié en Espagne. On ne l'a jamais revu.
Vous êtes convaincu que Debré était derrière cette manœuvre ?
L'homme qui est soupçonné d'avoir organisé l'attentat au bazooka est devenu, dix-huit mois plus tard, Garde des Sceaux.
Comment voulez-vous que les audiences puissent se tenir normalement alors que Debré est ministre de la Justice ?
Encore quatre mois et il sera Premier ministre !
Ce qui nous amène à l'Observatoire...
Toujours aussi perspicace !

14 OCTOBRE 1959.
JARDIN DU LUXEMBOURG.
M. DE MONTHERLANT
PITIÉ POUR LES FEMMES
ROMAN
Vous aimez Montherlant ?
Je n'ai jamais pu résister aux jeunes filles qui lisent Montherlant.

99

15 OCTOBRE 1959.
Depuis 1956, Roland Dumas est devenu un intime de François Mitterrand.
Alors, Roland, comment ça va, au Palais ?
Il n'y a qu'un sujet de conversation: l'Algérie.
Depuis que de Gaulle a lâché le mot "autodétermination", Alger est en émoi, l'armée s'agite.
De Gaulle est en train de rompre avec ceux qui l'ont porté au pouvoir...
Peut-être, mais il a une majorité écrasante !
La gauche est laminée. Il faut tout reprendre à zéro.
Tu as raison, Danielle. On va créer un petit cercle d'amis.
Puis on entrera dans un cercle un peu plus grand...
Puis un cercle encore plus grand ...
100

Et ainsi …
DRING
DRRiiiNG
Allô ?
François Mitterrand ?
Oui. Qui est à l'appareil ?
L'homme qui doit vous tuer.
Je dois y aller. J'ai rendez-vous avec Viansson.

101

Tu t'es déjà rhabillé ?
J'ai un rendez-vous important avec un ami.
À cette heure-ci ?! Mais il est bientôt minuit !
Il n'était pas libre avant.
102

SSERIE LIPP
BRAS LIPP
Ste DE CHOUCROUTE
LIPP
BRASSERIE LIPP
Aux Deux Magots
Aux Deux Magots

103

104

105

16 OCTOBRE 1959
Je ne dirai rien qui puisse ajouter au désordre des esprits.
Le Monde m'a chargé de faire l'article sur l'attentat.
Avez-vous pu voir vos agresseurs ? Combien étaient-ils ?
Il faisait bien trop sombre pour être affirmatif.
Je dirais trois ombres que je devinais à distance.
Vous aviez reçu des menaces précises ?
À plusieurs reprises au téléphone, de courageux correspondants anonymes avaient proféré, à mon encontre ou à celle de mes enfants, des menaces de mort.

106

Mais enfin, c'est le climat de l'époque...
Ces menaces, c'était toujours au téléphone ?
Je ne comprends pas votre question.
Personne ne vous a menacé de visu ?
Ce n'est pas l'usage dans ce genre d'affaire. Les tueurs ne se promènent pas à visage découvert.
20 OCTOBRE 1959.
HÔTEL MÉTROPOLE, PLACE DE LA RÉPUBLIQUE.
HÔTEL MÉTROPO
CLAP
CLAP
CLAP
Je salue notre ami François Mitterrand, qui a été victime d'un odieux attentat !
CLAP
CLAP
On a cherché à atteindre l'adversaire du pouvoir personnel, le leader de la gauche !
107

Le Monde
DRING
DRING
DRIING
DRIIING
Le Monde
22 OCTOBRE 1959.
Des révélations sur l'Observatoire ? Quand ?
J'arrive !
Je me présente : Robert Pesquet, ex-député.
L'attentat dont François Mitterrand se prétend victime est un faux. C'est lui qui l'a organisé, pour redorer son blason politique.
Qu'est-ce que vous racontez ?! C'est impossible !
Comment le savez-vous ?
Je le sais parce que c'est moi qui ai tiré sur la voiture !
HA HA HA HA HA HA HA HA
Vous avez des preuves de ce que vous avancez ?
Des preuves écrites. J'en réserve l'exclusivité au juge d'instruction chez qui je me rends de ce pas.

108

PALAIS DE JUSTICE.
De la confrontation va surgir la vérité !
Monsieur Pesquet, quand avez-vous vu Monsieur Mitterrand pour parler de cet attentat ?
Le 7 octobre dernier. Je savais que Mitterrand plaidait au Palais de Justice.
Nous nous sommes rencontrés "par hasard" au détour d'un couloir.
Il était accompagné de Roland Dumas.
LES DEUX PALA
BRASSERIE
109

J'ai quelque chose de très grave à vous dire. Il va y avoir une vague d'attentats contre des personnalités. Vous êtes en tête de liste. Et je suis chargé de vous tuer !
Pourquoi venez-vous m'avertir ?
Parce que je vous connais. Je suis un ultra de l'Algérie française, mais pas un assassin.
Que voulez-vous que j'y fasse ?
Je vous propose d'organiser un attentat contre vous, bidon bien entendu.
Ça, c'est une idée !
À ma grande surprise, il ne m'a pas rembarré. Il a répété : "ça, c'est une idée !"
Je plaisantais, Monsieur le Juge !
Il était très sérieux !
C'est n'importe quoi ! C'est fantaisiste !
Quand avez-vous revu Mitterrand ?
Une semaine plus tard, le 14 octobre. Il m'a téléphoné pour me fixer rendez-vous au Marignan, sur les Champs-Élysées. Là, il m'a demandé si je pouvais me procurer des armes.
Devant ma réponse affirmative, il m'a enjoint de me tenir prêt. Il m'a indiqué ce qu'il attendait de moi.
Nous avons fixé un nouveau rendez-vous pour le lendemain à 17h, devant le bassin du Jardin du Luxembourg.
Tout ceci relève de l'affabulation pure et simple !
C'est la version de Monsieur Pesquet. Continuez, je vous prie !
Je suis arrivé à l'heure !

110

Nous avons répété une dernière fois le scénario, qui était le suivant : Mitterrand serait chez Lipp. À sa sortie, je devais le suivre avec ma voiture et lui tirer dessus devant les jardins de l'Observatoire.
Il n'est pas concevable que je doive entendre ce flot de mensonges et de calomnies !
Attendez, Monsieur le Ministre, je n'ai pas fini.
POSTES
111

Cette lettre, que Monsieur Pesquet s'est envoyée à lui-même, la voici. Je l'ai fait récupérer par huissier. Elle est authentique.
Le cachet de la poste atteste qu'elle a bien été déposée avant l'attentat.
"Jeudi 15/10/1959. 19h. Je consigne ces faits, prévoyant tout ce qu'il peut se passer dans l'avenir. J'ai vu Monsieur Mitterrand du Sénat."
"De 17h à 18h30, nous avons, en nous promenant dans la cour, mis notre plan en place. Ce soir, à minuit et demi, Mitterrand sortira de chez Lipp."
"Sa voiture 9EH75 sera stationnée à proximité. Nous le prendrons en chasse après son démarrage. Nous resterons à cent mètres de lui."
"Il prendra le boulevard Saint-Germain, tournera rue de Seine, longera le Luxembourg, gagnera le Boul' Mich', prendra la rue Auguste-Comte."
"Là, à la hauteur de l'avenue de l'Observatoire, il simulera l'affolement, bloquera sa voiture sur le côté gauche, descendra et s'éloignera dans la nuit."
"Lorsqu'il sera hors d'atteinte, nous tirerons sur la voiture. Après cela, il se débrouillera avec la police et la presse."
Jeudi 15/10/1959
Je consigne
Comment expliquez-vous, Monsieur Mitterrand, que cette lettre raconte l'attentat en détail, avant qu'il ne se soit déroulé ?
Je ne me l'explique pas. C'est une machination.

112

L'AURORE
Bar Minuit
J'AI MACHINÉ AVEC MITTERRAND
LE FAUX ATTENTAT
dont il déclare avoir été victime devant le jardin de l'Observatoire
KHROUCHTCHEV
DE GAULLE
LE PROCÈS DU "BAUMOL"
JE RECONNAIS
Ah, Dumas... Comment va-t-il ?
Il est au bord du suicide.
Ma vie est finie. Je suis déshonoré !
Je file.
Il y a pire que le déshonneur, c'est le ridicule. Tout Paris n'est plus qu'un immense éclat de rire.
Je suis tombé dans un guet-apens visant à me liquider politiquement.
J'aimerais connaître votre version des faits. Enfin, la vraie, cette fois.
Je vous dois bien ça.

113

Pourquoi avoir accepté de rencontrer Pesquet ?
Il m'a eu à l'usure. La première fois, sur les quais, après notre rencontre au Palais de Justice, cela n'a pas duré plus de quelques minutes.
Que vous a-t-il dit à ce moment-là ?
Il me répétait qu'un grave danger me guettait, que j'étais en tête de liste des cibles d'attentats... Qu'il devait me tuer !
Vous avez cru à son histoire ?
Vous savez, pour moi, ce n'était pas inédit. Non, ce que disait Pesquet n'avait rien d'invraisemblable.
De là à le revoir !
Il m'a harcelé au téléphone pendant une semaine, si bien que j'ai fini par lui donner rendez-vous au Marignan, sur les Champs-Élysées, où j'ai mes bureaux.
On ne comprend pas pourquoi, si cet homme vous harcèle, vous ne prévenez pas la police !
Je ne suis pas un donneur. Pesquet m'avait supplié : "Je vous conjure de ne pas alerter la police ! Vous signeriez mon arrêt de mort ! Mes amis m'abattront !"
C'est là que votre attitude est incompréhensible.
Qu'un homme d'expérience comme vous, qui a connu la Résistance, ancien ministre de l'Intérieur, ancien Garde des Sceaux...
... Deux postes où vous avez eu à renifler le parfum des eaux troubles, qu'un tel homme tombe à pieds joints dans le panneau, cela dépasse l'entendement.
114

Je le reconnais, Pesquet m'a embobiné.
Un homme aussi méfiant que vous ! J'ai du mal à le croire.
Alors vous aussi, vous croyez que je suis son complice ?
Je ne crois rien. J'essaie de comprendre !
En particulier, comment Pesquet a-t-il pu poster à 19 heures, en vous quittant, une lettre où il décrit par le menu l'attentat qui aurait lieu dans la nuit, si vous ne vous étiez pas mis d'accord sur l'itinéraire ?
C'est le point fort de son accusation et, je le sais, mon point faible. L'argument paraît en effet imparable.
"Paraît" me semble inadéquat. "Est" serait plus approprié.
Le cachet de la poste a pu être truqué !
Vous en avez la preuve ?
Non.
Alors il faudra que vous trouviez autre chose.
115

Aujourd'hui, trente-cinq ans après, on a du mal à comprendre votre attitude.
Comment un homme aussi expérimenté que vous a-t-il pu se laisser manœuvrer à ce point ?
J'ai été leur dupe. Cela faisait cinq ans qu'ils me guettaient, cinq ans que j'avançais entre les pièges et les traquenards.
Et là, je suis tombé dans le panneau.
Quand vous dites "cinq ans qu'ils me guettaient", vous remontez à...
L'affaire des fuites.
L'attentat contre moi n'est que la suite logique de cette affaire et de celle du bazooka. Il y a un lien évident entre les trois.
C'est pour cette raison que j'ai voulu remonter à 1954. Tout s'enchaîne.
Il reste que le dossier est accablant pour vous ! Non seulement vous avez rencontré trois fois Pesquet avant l'attentat, mais vous l'avez revu après.
Difficile de ne pas croire à votre complicité dans l'organisation de cet attentat bidon.

19 OCTOBRE 1959. BRASSERIE LE CRISTAL.
Depuis quatre jours, vous faites la une des journaux !
Notre affaire a parfaitement réussi. Bravo.
Vous en tirez un sacré bénéfice !
Je vous remercie, mais maintenant je vous recommande le silence absolu.
Je sais tenir ma langue.
Pas un mot de travers. N'allez pas vous vanter. Sinon, vous risquez gros.
Inutile de me menacer. Je n'ai qu'une parole.
Trois jours après cette promesse, il balançait toute l'affaire !
Vous vous rendez bien compte que cette rencontre avec Pesquet est ravageuse pour vous.
Elle accrédite totalement l'idée que l'attentat était simulé.
Ça suffit pour aujourd'hui ! Ces séances de pose sont interminables !
C'est presque fini, Monsieur le Président.
Vous ne comprenez rien. Je suis tombé dans un piège tendu par Debré ! C'est lui qui était derrière.
Vous avez des preuves ?
117

OCTOBRE 1959. CHEZ LIPP.
Et vous pensez sérieusement que le Premier ministre du Général de Gaulle pourrait être derrière l'histoire de l'Observatoire ?!
Voyons, Roland, il a bien organisé l'attentat contre le commandant en chef de l'Armée française en Algérie... Pourquoi pas celui visant un sénateur ?
Je l'ai vu en état de faiblesse quand il est venu me supplier dans mon bureau. Il ne l'a pas supporté !
Voilà notre riposte ! Il faut transformer l'affaire de l'Observatoire en affaire du bazooka. Mais on ne peut pas accuser Debré sans preuve.
Il faut obtenir le témoignage de Pesquet.
Je m'en charge. Je vais aller le voir et le faire parler.
Après tout, j'étais là quand il vous a abordé au Palais.
C'est Debré qui m'a demandé de mouiller Mitterrand !
Donnez-moi des détails. Ça s'est passé où ?
À l'Assemblée !
118

C'était le 5 octobre dernier.
Nous n'avions pas le choix, à l'époque : il fallait allumer à Alger la bombe qui exploserait politiquement à Paris et ferait tomber la IVe République.
J'ai été contraint d'aller voir Mitterrand, qui était Garde des Sceaux, pour empêcher la levée de mon immunité parlementaire.
Sinon, j'aurais été inculpé et j'étais perdu pour notre combat.
Et aujourd'hui, vous avez peur qu'il vous fasse chanter ?
Il faut l'empêcher de me nuire !
Qu'attendez-vous de moi ?
Vous êtes un patriote, Pesquet. Si vous voulez aider l'Algérie française, il faut éliminer Mitterrand.
Éliminer ?
119

Politiquement !
J'ai mis un plan au point. Accepterez-vous de mener une action contre Mitterrand, qui lui fera perdre tout crédit politique ?
Oui !
Alors voilà : il faut lui faire croire qu'il va être la cible d'un attentat. Vous lui glissez dans l'oreille que vous pourriez monter un faux attentat dans lequel il ne risquerait rien.
Pesquet a menti tant de fois... Sa parole n'a aucune valeur ! Comment croire à cette rencontre avec Debré à l'Assemblée ?!
En tout cas, sa version a une certaine logique !
Celle de faire le lien entre les deux affaires, le bazooka et l'Observatoire !
Mon intime conviction, c'est que Debré était derrière dans les deux cas.
Une intime conviction ne fait pas la vérité !
C'est la mienne. D'ailleurs, je l'ai mis publiquement en cause à la tribune du Sénat.
PALAIS DU SÉNAT.
Le 18 novembre 1959, les sénateurs débattent de la levée de l'immunité parlementaire de François Mitterrand. Il est son propre avocat.
Vous me permettrez, aux approches de ma conclusion, d'évoquer un souvenir.
Un jour de février 1957, un parlementaire fort important est venu pleurer dans mon bureau, à la Chancellerie, place Vendôme...
PESQUET !
PESQUET !
120

... disant : "Je vous en conjure, ne brisez pas ma carrière"...
Il proteste de son innocence dans une affaire qui vient d'éclater et que la presse exploite.
MENTEUR !
OUH ! OUH !
ÇA SUFFIT !
Il vient affirmer, auprès de moi, qu'il ne connaît rien ni personne qui, de près ou de loin, ait touché à l'assassinat d'un officier français commis en plein Alger.
Sans doute existe-t-il, dans le dossier, des pièces accusatrices et des aveux troublants, mais il s'en expliquera plus tard. Il lui en faut seulement le temps.
Or le temps lui manquera si je presse le parquet de nourrir l'affaire en requérant des inculpations brusquées, si je demande des levées d'immunité parlementaire, à l'Assemblée comme au Sénat.
PESQUET ! PESQUET !
L'homme qui arpentait nerveusement la pièce, qui me disait que je n'avais pas le droit d'agir de manière prématurée, avant qu'il ait eu le temps de réunir les éléments contradictoires...
121

Cet homme, c'est le Premier ministre, c'est Monsieur Michel Debré !
OOooH OOOOOH !
OOH
OHH
OOoOH
Il n'y a plus d'affaire de l'Observatoire. Il n'y a plus qu'une affaire du bazooka.
122

Chacun tenait l'autre par la barbichette...
Si le pouvoir gaulliste vous cherchait des noises sur l'Observatoire, vous sortiez le dossier du bazooka.
Vous avez fini par comprendre !
Malgré votre discours étincelant, le Sénat a voté la levée de votre immunité parlementaire.
Et j'ai été inculpé !
8 DÉCEMBRE 1959.
Je souhaite qu'on reprenne depuis le début.
Le 15 octobre, vous dîniez chez Lipp...
Oui, Monsieur le Juge.

123

124

Merde !
... Je vais faire le tour du jardin...
!
Décidément ! Je suis bon pour un tour de plus !
125

Alors, c'est pour aujourd'hui ou pour demain ?!
RATATTAATA
126

Quelles ont été les suites judiciaires ?
C'est étrange. L'instruction n'a jamais abouti. Elle a été abandonnée en 1966.
Votre conviction, aujourd'hui ?
Je crois avoir été assez clair !
... Assez pour éclairer mes zones d'ombre.
"Mitterrand et ses ombres"... cela ferait un bon titre !
127

Rotman & Puchol - Février 2021

De la même dessinatrice, chez le même éditeur :
- *Les Enfants sauvés* - (collectif) scénario de Philippe Thirault

Aux Éditions Actes Sud - L'An 2 :
- *Haro sur la Bouchère* !
- *La Bouchère au bûcher*
- *Les Bonnes manières* - (collectif)

Aux Éditions Casterman :
- *Contrecoups/ Malik Oussekine* - scénario de Laurent-Frédéric Bollée

Aux Éditions Dargaud :
- *Interférences* - scénario de Laurent Galandon

Aux Éditions Des Ronds dans l'O :
- Moi, *Jeanne d'Arc* - scénario de Valérie Mangin
- *En chemin, elle rencontre* (volumes 1 et 3) - collectif
- *Promenade de la mémoire* - collectif

Aux Éditions Futuropolis :
- *Meurtres pour mém*oire - illustration du roman de Didier Daeninckx

Aux Éditions Le Lombard :
- *Vivre à en mourir* - scénario de Laurent Galandon

Aux Éditions Les Humanoïdes Associés :
- *Polar, shots entre amis à Cognac* - collectif

Aux Éditions PLG :
- *Chimères*

Aux Éditions Tirésias :
- *Charonne - Bou Kadir*

Aux Éditions Vide Cocagne :
- *Féministes* (collectif) - scénario d'Ingrid Chabbert

Site Internet :
http://jeanne-puchol.blogspot.com/

Du même scénariste dans la collection Seuil-Delcourt :
- *Octobre 17* - dessin de Benoit Blary
- *La Veille du Grand soir* - dessin de Sébastien Vassant

Aux Éditions du Seuil :
- *Génération* - avec Hervé Hamon
- *Mitterrand, le roman du pouvoir*
- *L'Âme au poing*
- *Un homme à histoires*

Aux Éditions Grasset :
- *Yvo et Jorge*

Filmographie :
- *Nuit noire* - réalisé par Alain Tasma
- *Éliane* - réalisé par Caroline Huppert
- *L'Ennemi intime* - réalisé par Florent-Emilio Siri
- *La Conquête* - réalisé par Xavier Durringer
- *Le Grand Georges* - réalisé par François Marthouret

Documentaires :
- *Mitterrand, le roman du pouvoir*
- *La Foi du siècle*
- *L'Ennemi intime*
- *Été 44*
- *Les Survivants*
- *Chirac*
- *Lionel raconte Jospin*
- *Le Pouvoir*
- *À l'Élysée*
- *L'Homme du destin, De Gaulle 40-44*
- *Mitterrand l'Américain*
- *Chirac l'antiaméricain*
- *De Gaulle le dernier roi de France*
- *Histoire secrète de l'Antiterrorisme*
- *Goulag*

Un grand merci à Catherine Cazalé, qui sait pourquoi.
Jeanne Puchol

Éditeur : Louis-Antoine Dujardin

© 2021 Éditions Delcourt

Tous droits réservés pour tous pays.
Dépôt légal : avril 2021. ISBN : 97 978-2-413-02632-7
Première édition

Conception graphique : Studio Delcourt/Soleil

Achevé d'imprimer en mars 2021
sur les presses de l'imprimerie Lesaffre à Mouscron, Belgique.

www.editions-delcourt.fr